La grammaire,

c'est pas de la tarte !

Des mêmes auteurs

La Ponctuation
ou l'art d'accommoder les textes
Éditions du Seuil, 2006
repris sous le titre

L'Art de la ponctuation
Le point, la virgule et autres signes fort utiles
Points, « Goût des mots », n° 1803

OLIVIER HOUDART ET SYLVIE PRIOUL

La grammaire,
c'est pas de la tarte !

ÉDITIONS DU SEUIL
27, rue Jacob, Paris VIe

CE LIVRE EST ÉDITÉ PAR CLARISSE COHEN

ISBN 978-2-02-096060-1

© ÉDITIONS DU SEUIL, MARS 2009

Le Code de la propriété intellectuelle interdit les copies ou reproductions destinées à une utilisation collective. Toute représentation ou reproduction intégrale ou partielle faite par quelque procédé que ce soit, sans le consentement de l'auteur ou de ses ayants cause, est illicite et constitue une contrefaçon sanctionnée par les articles L.335-2 et suivants du Code de la propriété intellectuelle.

www.editionsduseuil.fr

Maints internautes et journalistes sont cités dans cet ouvrage.
Nous leur exprimons notre gratitude.
Qu'ils ne nous tiennent pas rigueur d'avoir mis leurs
« coquilles » à contribution.

PRÉFACE

Vous reprendrez bien un peu de grammaire ?

En l'an de grâce 2006 arriva sur <langue@lemonde.fr>, la messagerie d'aide aux désespérés de la langue française, un appel ainsi libellé : « *Dans la phrase :* "Ah ! la tarte, j'ai adoré", *quelle est la fonction grammaticale de* tarte *?* » (sans autre précision sur ladite tarte, qui pouvait aussi bien être une pâtisserie qu'un… *soufflet*). Notre correspondante, étudiante en lettres, séchait sur cette question de cours et devait penser qu'en qualité de correcteurs nous avions la science infuse, et la réponse toute prête. N'étant ni grammairiens ni linguistes, nous dûmes au contraire compulser les grimoires. Nous avons d'abord pensé être en présence d'une dislocation de la phrase « normale », qui aurait été : *Ah ! j'ai adoré la tarte, tarte* étant un complément d'objet direct placé avant le verbe. Après recherches et réflexion, une autre analyse s'est imposée : il n'y avait pas une seule phrase, mais deux, juxtaposées, construction courante à l'oral. Une phrase nominale exclamative – *Ah ! la tarte* –, dans laquelle *tarte* s'impose comme « sujet » du propos, et une phrase verbale déclarative – *j'ai adoré.*

Cette tarte nous ayant mis l'eau à la bouche, nous avons continué notre plongée dans la science, parfois ardue, qu'est la grammaire, avec pour résultat le présent ouvrage. Nous le plaçons sous la haute autorité de Molière : ne dit-on pas *la langue de Molière*, en parlant du français ? Dans *Les Femmes savantes*, il joue sur l'homophonie du mot qui nous occupe (qui se prononçait alors *granmaire*) avec *grand-mère* :

« *Veux-tu toute ta vie offenser la grammaire ?* demande Bélise

– *Qui parle d'offenser grand'mère ni grand'père ?* » lui répond ingénument la servante Martine.

Ainsi oserons-nous jouer sur le même registre, en paraphrasant une célèbre blague d'anthropophages à un banquet funéraire : *Tu l'aimais, ta grammaire ? Eh bien, reprends-en !*

INTRODUCTION

Nous sommes tous grammairiens

Les langues figurent parmi les plus complexes des constructions humaines, et ce sont nos ancêtres des temps obscurs qui les ont échafaudées, sans le secours des dieux, ni même de savants. Le philosophe Platon, malgré son aversion pour le peuple, était bien forcé de le reconnaître comme son « *maître de langue* ». Les premiers penseurs grecs qui ont fait de la langue leur sujet d'étude ont opéré des classements, des regroupements et se sont d'abord préoccupés de nommer les phénomènes qu'ils constataient, de coller des étiquettes (ce qui est le B.A.BA de toute démarche scientifique). Puis ils ont formulé des concepts, lesquels n'ont guère changé depuis. *Épithète* (« qui est ajouté », en grec), mot et catégorie grammaticale toujours utilisés aujourd'hui, était déjà employé par Aristote, il y a deux mille trois cents ans.

Grammaire (étude des règles et des usages d'une langue), qui apparaît en français dès le XIIe siècle, est aussi un terme d'origine grecque, lié à l'art d'écrire : *gramma*, la « lettre », puis *grammatika*, « ce qui relève des lettres », et, par extension, « grammaire ». Il a eu un jumeau, *gramatique*, aujourd'hui disparu, et a toujours un cousin, *grimoire*, « livre de sorcier », « vieil ouvrage poussiéreux », qui peut évoquer l'hermétisme, la difficulté et l'ennui, notions rédhibitoires, mais aussi la magie, nettement plus valorisée, surtout depuis le succès de *Harry Potter*.

La langue est une enchanteresse et la grammaire nous livre ses tours : un adjectif peut devenir substantif et inversement, *le* peut être aussi bien un pronom qu'un article, et *que*, un pronom, une conjonction ou un adverbe. Un adverbe est capable de se prendre pour un sujet (*beaucoup sont venus*), un verbe peut tourner substantif (*le rire*...) et faire fonction de sujet (... *est le propre de l'homme*). Cette dernière phrase est au présent, mais, comme on peut supposer que l'homme a ri et qu'il rira encore, ce « présent » englobe aussi le passé et le futur, d'une certaine façon (on parle de présent « gnomique » – toujours la magie), et l'on voit que les « temps » ne sont pas aussi tranchés que nos tableaux de conjugaison pourraient le laisser supposer.

Pourtant, nous participons tous de cette magie et sommes tous grammairiens, bien que, pour la plupart, cela nous ait échappé. Les usages grammaticaux s'impriment dans nos cervelles dès notre plus jeune âge, à force de répétition. Tout individu de langue maternelle française, même si son vocabulaire est restreint, s'il est faible en orthographe, ou même s'il est analphabète, ne dira pourtant rien d'aberrant par rapport à la syntaxe (sauf peut-être en état d'ébriété). Il sait d'instinct qu'un article se place toujours avant le nom qu'il détermine, ou qu'un adjectif peut changer de sens selon qu'il est avant ou après le nom qu'il qualifie : entre un *grand homme* et un *homme grand*, chacun voit la nuance.

En plus des règles que l'école s'emploie à diffuser, il existe des lois non écrites que tout le monde applique pourtant, sans les connaître : les verbes qui se créent spontanément, dans la presse, la rue, les cours d'école, sont tous, depuis des lustres, du « premier groupe » (terminaisons en « er », comme *aimer*), alors qu'il existe d'autres groupes et que rien n'interdit, à notre connaissance, d'en rallonger la liste. Mais non, on trouvera « camérer » (*filmer* en « françalgérien », ou français d'Algérie, formé à partir de « caméra ») ; « racailler » (lu dans *Le Monde* en octobre 2007) ; « bloguer », etc., mais pas « camérir », et encore moins « caméroir », qui seraient pourtant aussi recevables, comme si les locuteurs du français avaient un sixième sens grammatical qui leur indiquait que les verbes en « er » étaient les seuls convenables désormais.

« *La langue francaise n'est pas assé riche pour te décrire avec éxactitude l'amour que j'ais pour toi.* » Cette déclaration enflammée relevée en octobre 2007 sur *Le Monde.fr* (à la rubrique « Faire-part ») est assez élaborée et d'une syntaxe convenable, même si l'on y trouve quatre faux pas orthographiques. Précisément des barbarismes, c'est-à-dire des formes qui n'existent pas. Les trois premières sont des adaptations phonétiques erronées mais plausibles et qui « passent » à l'oral. La quatrième n'est que l'adjonction fantaisiste d'un *s* muet, qui n'a pas d'incidence non plus à l'oral. Ces fautes ne relèvent donc que de l'écrit.

Il y manque la cédille à *francais*, peut-être parce que le *c*, dans certaines conditions, peut être prononcé *s* sans le secours de ce petit appendice ; *assé* peut être considéré comme une manière plus rapide et économique d'écrire « assez » ; l'accent aigu à *éxac titude* correspond à une façon très répandue de prononcer ce mot. Enfin, le *ais* (à la place de « ai ») pourrait témoigner d'une tendance constatée en français à rhabiller les mots jugés trop courts, trop « nus », en particulier avec un *s* (la lettre à tout faire), qui vient elle-même à contre-courant d'une autre tendance, plus forte, au raccourcissement des mots.

Le jeune homme qui a rédigé cette phrase a employé sa propre écriture phonétique, sa « parlure » – le mot existe –, qui s'écarte beaucoup du canon orthographique. (Soit dit en passant, si la notation du français était seulement phonétique, deux langues au moins surgiraient d'un coup, celle du Sud et celle du Nord, la prononciation du français méridional accusant de sérieuses différences avec celle du septentrional.) Loin de nous l'idée de valoriser cette pratique, qui montre plutôt la nécessité de la norme. Il y a d'ailleurs dans le public une forte demande pour celle-ci. En témoignent les nombreux ouvrages à fort tirage sur le modèle « Dites, ne dites pas », qui semblent pourtant n'avoir aucun effet perceptible « sur le terrain », et, à notre modeste échelle, dans les courriels que nous recevons sur nos messageries professionnelles. Ceux qui nous demandent un conseil grammatical, auxquels nous répondons dans la mesure de nos compétences, et aussi ceux qui nous tirent les oreilles, dans le style : « Les correcteurs sont-ils en vacances pour que vous laissiez publier de telles horreurs ? » Parfois ils ont raison – les correcteurs prennent en effet des vacances –, parfois non : au sommet du hit-parade des fautes imaginaires, des accords du participe passé qu'ils jugent erronés alors qu'ils sont on ne peut plus justes, comme pour ce titre du *Nouvel Observateur* de septembre 2006 : « *Comment Roosevelt, Churchill, Staline… et de Gaulle se sont disputé le monde* » (à la conférence de Yalta, en 1944). Ce ne sont pas les « grands » qui se sont disputés, c'est le monde qui l'a été. Et l'absence du subjonctif à la suite d'*après que* (un « must »). Comme à la « une » du site Internet du *Monde*, le 19 octobre 2007, à propos de la séparation du couple Sarkozy : « *Meilleure partenaire de son ascension politique, elle* [Cécilia] *le* [Nicolas] *quitte six mois après qu'il* ***a*** *atteint son but.* » Plusieurs lecteurs eussent volontiers mis un *ait* à la place du *a* ! Nous leur répondîmes que la locution *après que* annonçant un fait déjà accompli (en l'occurrence l'élection dudit Nicolas à la magistrature suprême), elle ne devrait pas être suivie du subjonctif, mode du virtuel. Celui-ci est souvent perçu comme la forme grammaticale qui s'impose automatiquement après un *que* ou certains verbes, et non pas comme un mode destiné à exprimer l'hypothèse, le doute, etc.

Un autre problème soulève les passions, celui de la féminisation des noms de fonction et de métier. Faut-il dire – et écrire –, quand on se trouve, mettons, en présence d'un soldat du feu de sexe féminin, *une femme pompier* (solution qui a la faveur des plus conservateurs : avec elle, rien ne bouge), *une* ou *la* pompier (la féminisation par l'article seul), ou *pompière* (adjonction d'une forme féminine à un mot qui était jusque-là dûment enregistré par les dictionnaires comme masculin) ? Sans compter une quatrième solution, qui consiste à accorder selon le sexe et non selon la grammaire : « *Le pompier est arrivée sur les lieux de l'incendie* », procédé qui a reçu le nom savant de *syllepse*. L'émergence des femmes dans la société et leur lente montée à des postes qui leur étaient auparavant inaccessibles ont ainsi leurs effets dans la langue. La société comme la langue ont des réticences à en prendre acte. Et l'on sent bien que cette question touche à quelque chose de très profond : les couteaux ne tardent pas à sortir, la guerre civile (linguistique) menace. En tout cas, dans les médias et ailleurs, chacun fait comme il lui plaît pour résoudre ce problème, et le même organe de presse pourra adopter toutes les solutions à la fois, y compris dans le même article, ce qui entraîne souvent une certaine cacographie. Qui ne pourrait être supprimée ou atténuée que par des mesures décidées par des autorités reconnues de tous. Longtemps, la CGT du Livre a joué ce rôle d'unificateur et de gardien de la norme ortho-typographique dans la presse, par l'intermédiaire de ses typographes et de ses correcteurs. Les premiers ont presque disparu ; quant aux seconds, leur nombre fond comme neige au soleil. Le réchauffement climatique n'y est pour rien : les patrons de presse les considèrent désormais comme un luxe inutile.

Plus personne ne paraît en mesure de « légiférer » dans le domaine de la langue. L'Académie française, qui a donné en 1984 son avis sur cette fameuse féminisation, reconnut elle-même en 2002 qu'il n'en avait été tenu aucun compte. Il faut dire que cette institution, qui fait surtout figure de maison de retraite dorée et dont on constate qu'elle ne compte pas beaucoup de linguistes de formation en son sein – ni beaucoup de femmes –, a en grande partie perdu sa crédibilité. Son dictionnaire n'intéresse plus grand monde et Julien Gracq considérait même qu'il ne valait rien. Il est loin le temps (XVIIe siècle) où l'Académie pouvait faire passer dans la pratique, malgré quelques résistances, l'invariabilité du participe présent [1], ou celui (XVIIIe) où elle officialisa que la concordance des temps s'appliquerait désormais au subjonctif. Quant à l'État, ses interventions directes, depuis plus d'un siècle, en faveur de la réforme

1. Rabelais écrivait dans *Gargantua* : « *Pour porter au col, eut une chaîne d'or* ***pesante*** *vingt et cinq mille soixante et trois marcs d'or...* » (chap. VIII) ; et Villon : « *Ces doux regards et beaux semblants* / [...] *Me* ***transperçants*** *jusqu'aux flancs* » (*Le Lais*). Le participe présent est devenu invariable en 1679. Mais certains ont échappé à cette règle et l'on écrit toujours des *ayants droit* ou des *ayants cause*, qui témoignent ainsi des anciens états de la langue.

orthographique donneront naissance à de nombreux rapports et circulaires, qui paraîtront même au *Journal officiel*, sans obtenir le moindre résultat. Toute idée de réforme en ce domaine provoque la levée en masse des Picrochole de la pureté et de l'invariance de la langue.

En Europe pourtant, certaines langues ont connu des réformes inimaginables en France : les soviets, en 1918, ont simplifié l'orthographe du russe et supprimé d'un coup quatre lettres de son alphabet (ne faisant qu'appliquer des mesures depuis longtemps préconisées et laissées en souffrance) [1]. Et la révolution kémaliste a décrété l'abandon de l'alphabet arabe et l'adoption de l'alphabet latin pour écrire le turc ! Peut-être faut-il l'enthousiasme et les bouleversements révolutionnaires pour pouvoir intervenir dans la langue ?

Après deux siècles de stabilisation du français et de gel de sa morphologie et de sa syntaxe (le lexique continuant, lui, à évoluer à grande vitesse), il serait bon d'entrouvrir les fenêtres, notamment dans le domaine de l'orthographe, de la féminisation lexicale et des accords, et en particulier ceux des participes passés (il faut avoir « bac + 10 » pour venir à bout de certains cas de figure).

En attendant ces réformes (dont certaines dorment dans les cartons ministériels depuis un bon siècle, livrées à la critique rongeuse des souris) et la révolution qui sera peut-être seule capable de les faire accepter, nous allons loyalement exposer la norme des accords grammaticaux – les jeux croisés du masculin / féminin et du singulier / pluriel, qui trouvent leur apothéose dans les

1. Les dirigeants de l'URSS ont même envisagé un temps, dans les années 1920, d'adopter l'alphabet latin à la place du cyrillique.

accords des participes –, ceux qui posent le plus de problèmes aux « usagers » de la langue. Nous chercherons à comprendre d'où vient notre orthographe, exposerons les usages de la majuscule, et ferons un détour du côté du français parlé, non sans avoir, au préalable, retracé les origines de notre langue. En avant, donc, pour un petit cours d'art gramatique.

Notre ouvrage reproduit moult fautes de syntaxe et d'orthographe, pour la bonne cause pédagogique. Que le lecteur ne les impute donc pas au correcteur à qui est revenue la tâche de nous relire.

LA NAISSANCE DU FRANÇAIS

Le français, premier avatar du latin

Un *motu proprio* [1] du Vatican daté de juillet 2007 donne la permission aux prêtres et fidèles qui le désirent de célébrer et d'entendre la messe en latin, comme autrefois. Une brèche linguistique a-t-elle été ouverte, et les idiomes nationaux vont-ils être progressivement évincés de la liturgie catholique ? Nous nous garderons de nous prononcer sur cette épineuse question. Et relèverons qu'il y a près de douze cents ans, en 813, à la fin du règne de Charlemagne, les évêques de la moitié nord de la France actuelle, réunis en concile à Tours, s'étaient posé un problème presque inverse : sachant que les homélies en latin étaient de moins en moins intelligibles aux fidèles, ils ordonnèrent de prêcher en *rustica lingua romana*. C'est-à-dire dans les divers dialectes locaux issus du latin, désignés sous le terme générique de « roman ». Il fallait en passer par là pour édifier les masses : « *Les reproches des grammairiens sont préférables à l'incompréhension du peuple* », avait

1. Attention aux « faux amis » ! Il ne faut pas comprendre « mot du propriétaire » (du Vatican), mais « de notre propre initiative ».

dit – en latin – Augustin, aussi appelé « saint Augustin », répliquant aux puristes de son temps. Ce concile est une bénédiction pour les historiens, car il pose un jalon précis dans l'émergence du français, fût-il rustique.

Comme nul ne l'ignore, la Gaule – la France et la Belgique actuelles – fut conquise par Rome il y a plus de deux mille ans.

Chose extraordinaire, inouïe quand on y réfléchit, les vaincus délaissèrent peu à peu leur langue pour adopter celle de leurs vainqueurs. Il faut admettre qu'ils ont dû la trouver plus pertinente (nous n'employons pas *supérieure* pour éviter les jugements de valeur, voire les poursuites éventuelles pour attentat à la mémoire gauloise). En tout cas, il ne reste plus des dialectes celtiques que quelques traces dans le vocabulaire et la toponymie.

Cette langue qu'ils adoptèrent n'était pas celle de César, qui écrivait – et parlait sans doute – un latin châtié, mais celle de ses légionnaires et de tous les aventuriers romains qui suivirent leurs fourgons : fort éloignée du classicisme, plus vivante aussi, dont l'accentuation avait évolué et dont les conjugaisons et les déclinaisons, en un mot la grammaire, étaient allégées.

Une telle filiation a d'ailleurs longtemps été contestée, car ce latin dont vient la langue que nous parlons, peu prestigieux, du latin de caserne pour tout dire (ou plutôt de *castrum*), fut jugé trop bas par de nombreux érudits qui allèrent fort sérieusement, et contre toute évidence, chercher au français une origine plus prestigieuse du côté du grec ou de l'hébreu !

Il faut se faire une raison : le français est né dans la paille des écuries, et il « préféra », pour désigner la plus noble conquête de l'homme, le peu fringant *caballus* (qu'on peut traduire par *canasson*), qui devint notre *cheval*, alors que le latin classique employait *equus*, combien plus présentable, et qui donna tout de même *équitation* bien plus tard, au début du XVIe siècle.

Les désormais « Gallo-Romains », un terme forgé au XIXe siècle, ont fait subir à leur nouvel idiome des mutations phonétiques importantes : ainsi, le *u* latin (qui se prononçait *ou*) va évoluer vers le son *u*, inconnu du latin et que le français est la seule langue romane à posséder ; la modification de l'accentuation des mots va entraîner la chute de certaines voyelles en position centrale et la réduction du nombre des syllabes (*tabula* devient *tabla*).

Une langue en « roue libre »

Au Ve siècle, les Francs, ayant traversé le Rhin (sans autorisation ni papiers), se répandirent en Gaule du nord-est et s'y installèrent. Ils abandonnèrent peu à peu leur parler germanique, le francique, pour utiliser celui des autochtones. Le rude conquérant se soumit donc à la langue indigène, mais lui imprima lui aussi sa marque, en y intégrant de nouveaux mots, en particulier guerriers, et surtout en le parlant avec son accent d'outre-Rhin. On a même pu dire en manière de plaisanterie que le français était du latin parlé par des Germains. Les Francs faisaient porter l'accent sur la seule syllabe tonique et avalaient les autres, ce qui eut pour effet de hâter la transformation de beaucoup de mots en monosyllabes. Ainsi de *tabla*, dont l'accent tonique était sur *ta*, et qui a fini par donner *table* en français, alors que l'italien *tavola* est resté proche du mot latin. Voilà aussi pourquoi le français, à la différence des autres langues romanes, a si peu de mots qui finissent en fanfare par une voyelle sonore.

Avant d'aller plus loin, il faut insister sur le fait, inimaginable en ce début de troisième millénaire, que la langue (aujourd'hui fortement encadrée par les médias, l'école, et presque « intouchable ») était jadis « en roue libre ». Aucune autorité, étatique ou autre, aucune académie ne se préoccupait de la contrôler ; l'écrit, qui joue toujours un rôle de conservation et d'unification, restait par ailleurs infiniment marginal. Des générations entières ont vécu sans aucun repère écrit, pas même un panneau, sans rien, faut-il le préciser, qui ressemblât à un livre, encore moins à une grammaire ou à un dictionnaire, à un Bescherelle ou à un Robert.

La syntaxe se transforme insensiblement, les accents bougent, des lettres ne sont plus prononcées, d'autres changent ou sont interverties, les mots subissant ce que les linguistes appellent l'« érosion phonétique ».

Ainsi, en Gaule du Nord, si chaque génération a eu le sentiment qu'elle parlait la langue de ses aînés, à force de mutations, un moment est venu où « *la quantité s'est transformée en qualité* » (pour paraphraser Friedrich Engels, qui évoquait le moment précis du passage de l'eau sur le feu à la vapeur d'eau), et le latin en divers dialectes, dont l'un d'eux ne deviendrait le *français* que bien plus tard.

Quand cette rupture dialectique est-elle intervenue ? La question a fait couler beaucoup d'encre. Le linguiste Bernard Cerquiglini considère qu'un « *tournant est pris vers l'an 600* » (un peu avant le règne de Dagobert), estimant que la conquête franque avait accéléré, tout au moins au nord de la Loire, le mouvement de différenciation du latin. Ainsi, les Francs, non contents d'avoir contribué, avec d'autres « barbares », à occire l'Empire romain, auraient de surcroît porté le coup de grâce à sa vénérable langue, à force de la malmener ! L'historien Philippe Wolff note pour sa part que, « *vers 800, l'opposition entre latin écrit et langue parlée était reconnue par les contemporains eux-mêmes* » (cité par B. Cerquiglini dans *La Naissance du français*).

Il est permis de penser que l'Église, en faisant du latin une langue de l'élite, lui a également, à sa façon, porté un coup fatal. Les intellectuels de la cour de Charlemagne, des ecclésiastiques pour la plupart, furent chargés de restaurer le latin et d'en rétablir les règles, après les siècles de troubles qui suivirent l'effondrement de la civilisation romaine (qui s'était traduit notamment par la disparition des écoles). Au lieu de prendre acte de l'évolution qu'avait subie la langue et d'innover, de lui donner une forme moderne prenant en compte le parler vivant, ces lettrés se sont tournés vers les valeurs sûres du passé. Ils sont revenus aux modèles des grammairiens Donat et Priscien, qui avaient écrit aux IVe et VIe siècles de notre ère, à la toute fin de l'Antiquité. Un peu comme si l'État décidait aujourd'hui que l'Éducation nationale et les administrations devaient revenir au français du XVIIe siècle, considéré comme le stade idéal de la langue. Il lui serait d'ailleurs impossible d'imposer une pareille décision. Mener à bien une telle réforme était possible du temps de Charlemagne car les hommes visés par elle, ceux capables de lire et d'écrire, n'étaient que quelques milliers dans tout l'Empire et ne formaient qu'une petite communauté, proche du pouvoir et contrôlée par lui.

Sacré Charlemagne !

Ce retour aux sources du latin a souligné et accru tout ce qui le faisait diverger de la langue vernaculaire, et l'en a séparé radicalement. Les lettrés de la Romania (les territoires qui avaient appartenu à la moitié occidentale de l'ex-Empire romain) ont désormais parlé et écrit un seul et même latin savant, qui n'était plus la langue maternelle de personne. Il était cependant encore appelé à un bel avenir, puisqu'il resta utilisé par les intellectuels européens au moins jusqu'au XVIIe siècle, et que des esprits aussi déliés que Descartes ou Spinoza ont pensé et écrit dans cette langue, qui survit aujourd'hui encore dans l'Église catholique.

Quant à l'immense majorité illettrée de la population, elle s'est retrouvée parler une langue qui ressemblait de moins en moins à celle de l'élite, et qui divergeait de surcroît selon les régions. Cette politique a peut-être accéléré l'éclatement linguistique de la Romania et favorisé l'émergence de nouveaux idiomes là où, en théorie du moins, tout le monde parlait encore une langue proche et se comprenait.

Dans ce contexte naquirent les langues dites « romanes », issues du latin, dont la langue d'oc (l'ensemble des parlers du sud de la France, aujourd'hui appelé occitan), l'italien, l'espagnol ou le roumain. Avec cette précision que le français (un des dialectes de la langue d'oïl) a été le premier à émerger et à recevoir une expression écrite, et qu'il serait le moins « conservateur » (linguistiquement parlant) de tous ces *avatars* (mot sanscrit pour *métamorphose* ou *réincarnation*), c'est-à-dire celui qui s'est le plus éloigné du modèle.

Le latin « rétabli », de moins en moins compris par le peuple, resta la seule langue de référence, celle du pouvoir et du savoir, confinée dans les chancelleries et les monastères. Les « *leçons de français* » de la ritournelle de France Gall *Sacré Charlemagne* sont pure invention. Dans les écoles créées par l'empereur à la barbe fleurie, on enseignait en latin, et le latin. Mais, ne serait-ce que pour préparer les sermons en *roman rustique*, il était nécessaire de jeter des idées sur le parchemin. Les premiers à rédiger quelques mots en cette langue furent donc des prêtres, et il reste plusieurs ébauches et brouillons anonymes qui témoignent de cette œuvre pionnière. Ils le firent tout naturellement en utilisant l'alphabet latin, bien adapté à cette langue (où chaque lettre se prononce, et toujours avec le même son), mais beaucoup moins au nouvel idiome, dont la gamme phonétique était beaucoup plus étendue que celle du latin. Les sons *v* ou *j*, par exemple, étaient inconnus du latin. La palette des voyelles était devenue nettement plus large et variée (notamment par la nasalisation, qui a donné les sons *en, in, on*… très représentatifs du français parlé du Nord, et qui serait due à l'apport franc). L'alphabet ne pouvait qu'imparfaitement rendre cette diversité : il fallut jouer sur de nouvelles associations de consonnes (comme *dh, cz* ou *tc*) et surtout charger certaines lettres de valeurs supplémentaires, tout en conservant l'ancienne.

Il aurait fallu, à tout le moins, ajouter quelques lettres ou, pourquoi pas, créer un nouvel alphabet. Mais les pionniers de la transcription du français ne sont pas allés jusqu'à de telles extrémités. Ce n'est pas, de notre part, pure élucubration : au même siècle, dans la lointaine Moravie, Cyril et Méthode, connus dans l'histoire comme les évangélisateurs des Slaves, s'étaient servis de l'alphabet grec pour en former un nouveau, adapté aux sons slaves, qui prit le nom de *cyrillique*, et sert toujours à écrire le russe, le bulgare, le serbe, etc.

Histoire de famille

Le premier texte rédigé en français, du moins le premier à nous être parvenu, le fut pour des raisons politiques. Il s'agit des serments d'assistance mutuelle prêtés le 14 février 842 à Strasbourg par deux petits-fils de Charlemagne, Louis et Charles, unis contre leur frère Lothaire dans la lutte armée (bien que fraternelle) pour le partage des dépouilles de l'Empire carolingien. Ils sont connus sous le nom de *Serments de Strasbourg*. Quelques lignes en français archaïque (environ six cents signes) et quelques autres en vieil allemand, glissées presque en catimini dans une chronique en latin, *L'Histoire des fils de Louis le Pieux*, écrite à l'été 842. L'auteur de cette chronique, un dénommé Nithard, se trouve être de fait la première personne connue à avoir écrit en français.

Petit-fils bâtard de Charlemagne, et donc cousin des compétiteurs, il était partie prenante de cette guerre de succession familiale, dans le camp de Charles et Louis contre Lothaire. Il est donc inexact de faire de lui un simple historien, comme le présente la tradition. Sa chronique est une œuvre de propagande, une justification du partage de l'Empire de Charlemagne entre les deux frères contre le troisième, qui incarnait encore l'idée impériale. Et cette partition s'était faite sur une base linguistique, ce qui explique l'usage du français et de l'allemand.

Les deux chefs devaient prêter serment à tour de rôle, chacun dans la langue parlée sur le territoire qui revenait à l'autre, ce qui était une façon de reconnaître sa souveraineté. Louis, qui visait les possessions à l'est du Rhin, prononça son serment en français, ou *roman*, et Charles, qui convoitait celles qui se trouvaient à l'ouest, prononça le même en allemand, ou *tudesque* (il faut préciser que l'un et l'autre étaient de langue maternelle germanique, comme la famille carolingienne, et Charlemagne lui-même). Puis leurs troupes respectives prononcèrent un autre serment, dans la langue du territoire reconnu à leur chef, où elles s'engageaient à ne pas lui obéir si celui-ci était parjure (un appel à la désobéissance militaire !).

La chronique originale n'a pas été conservée, et nous ne la connaissons que par une copie effectuée environ cent cinquante ans après. Pour la reproduction des *Serments*, nous respectons la graphie du document : ni accent, ni apostrophe, ni trait d'union, qui ne furent créés que bien plus tard, la ponctuation se limite à un signe unique, un point médian qui peut être rendu, selon le contexte, par une virgule ou par un point. Nous « développons » les nombreuses abréviations, qui servaient à gagner de la place mais gênent beaucoup la lecture, et ne poussons pas le vice jusqu'à reproduire les ratures. Enfin, les majuscules ne servent qu'à marquer les débuts de phrase : les noms propres en sont dépourvus.

Le serment prêté par Louis

Pro deo amur et pro christian poblo et nostro commun saluament · dist di in auant · in quant deus sauir et podir me dunat · si saluarai eo cist meon fradre karlo · et in adiudha et in cadhuna cosa · si cum om per dreit son fradra saluar dift · In o quid il mi altresi fazet · Et ab ludher nul plaid nunquam prindrai qui meon uol cist meon fradre karle in damno sit ·

Pour l'amour de Dieu et le salut commun du peuple chrétien et le nôtre, à partir de ce jour, pour autant que

> Dieu m'en donne le savoir et le pouvoir, ainsi secourrai-je ce mien frère Charles, et en aide et en toute chose, comme on doit justement secourir son frère. À condition qu'il m'en fasse autant. Et je ne passerai jamais volontairement aucun accord avec Lothaire qui soit au détriment de ce mien frère Charles.

Le serment prêté par les troupes de Charles

> *Si lodhuuigs sagrament que son fradre karlo iurat conseruat · Et karlus meos sendra de suo part non lo stanit · si io returnar non lint pois · ne io ne neuls cui eo returnar int pois · in nulla aiudha contra lodhuuig nun li iu er ·*
>
> Si Louis tient le serment qu'il a juré à son frère Charles et si mon seigneur Charles de son côté ne le tient pas, si je ne puis l'en détourner, ni moi ni tous ceux que j'en pourrai détourner, je ne lui serai en cela d'aucune aide contre Louis.

Un certain vertige saisit à la lecture de ces lignes qui surgissent de l'aube des temps (du moins des temps conjugués). On les imagine volontiers prononcées avec solennité pour en imposer à la soldatesque réunie, Louis désignant Charles, sans doute par un geste bien visible, en prononçant : *cist meon fradre*, « mon frère que voici ». Contrairement à l'épisode du vase de Soissons, la scène n'apparaît, à notre connaissance, dans aucun film ni téléfilm. Si ces quelques phrases doivent être considérées comme du français, il n'en reste pas moins qu'elles sont assez impénétrables, au point de nécessiter aujourd'hui une traduction !

Elles fournissent un premier et fort précieux instantané du « français » du IXe siècle, une belle illustration du travail du scribe, qui a dû innover, sans précédent pour le guider. Et surtout la matière à d'infinis commentaires, historiques et linguistiques : une foule d'ouvrages et d'articles y ont été consacrés. Nous nous limiterons à quelques aspects grammaticaux.

karlus, karle, karlo…

Le lecteur ayant fait ses humanités a constaté que plusieurs noms et adjectifs se déclinent : comme « dieu », noté *deus* quand il est sujet et *deo* quand il est complément, et les noms propres germaniques « importés » sont également soumis à ce système (*karlus*, qui peut devenir *karlo*, voire *karle*), ce qui montre qu'il a de la vitalité : le français des origines est encore une langue à déclinaisons. Mais il n'a plus, comme le latin tardif, que deux cas (le *sujet* et le *régime*), issus du resserrement du système du latin classique, qui en avait six. Les déclinaisons permettent un ordre des mots assez libre, puisque ce n'est pas sa place dans la phrase mais sa terminaison, ou désinence, qui indique si un mot est sujet ou complément.

L'ordre des mots reste calqué sur celui du latin, comme dans cette phrase, où le complément d'objet se place juste après le sujet, le verbe étant rejeté en fin de proposition : *Si lodhuuigs sagrament* [...] *conseruat* (si l'on procédait encore ainsi, cela donnerait : « Si Louis le serment respecte »). Le complément du nom se place avant le mot auquel il se rattache (*pro deo amur*, « pour de Dieu l'amour »).

Nous assistons à la naissance des pronoms de conjugaison – ou pronoms sujets : *je* (*eo* ou *io*, résultant de la perte de son *g* par *ego*, « moi »), *il* (formé sur le démonstratif *ille*, « celui-là ») et *on* (*om*, formé sur *homo*, « homme »), tous venant de la mutation de formes latines, mais représentant une innovation, car la langue de César et Cicéron ignorait ce genre de pronoms. Leur présence témoigne d'une nouvelle façon d'envisager la morphologie verbale. Elle consiste à ne plus se contenter de faire varier la terminaison des verbes mais à leur adjoindre une sorte de préfixe détaché (*je*, *tu*, etc.) qui permet de repérer tout de suite à quelle personne on a affaire.

Les historiens de la langue ont longtemps pensé que ces pronoms étaient une réponse à la dégradation de la conjugaison latine, qui entraînait des confusions de formes (en latin classique, les terminaisons des verbes étaient distinctes et identifiables à l'oral comme à l'écrit pour chacune des personnes à chaque temps). Mais il est tout aussi plausible de penser qu'elles se sont dégradées parce que devenues moins utiles du fait de l'existence de ces pronoms. Leur utilisation ne deviendra systématique qu'en moyen français (à partir du XIVe siècle), avec la généralisation de l'ordre sujet-verbe-complément.

Nous sommes également témoins des premiers pas de notre temps futur (*saluarai* et *prindrai*), qui cohabite encore avec un vestige du futur latin (*er*, pour *serai*, contraction de *ero*). Ce nouveau futur témoigne aussi d'une préférence marquée, déjà perceptible dans le latin tardif, et qui persiste de nos jours, pour les formes verbales composées avec auxiliaire plutôt que pour les formes simples. Tout comme nous disons aujourd'hui plutôt *je vais aller* que *j'irai*. *Saluarai* (sauverai), par exemple, doit se comprendre « j'ai à sauver » et fut d'abord une périphrase couplant l'infinitif *saluar* avec *avoir* au présent de l'indicatif (*saluar ai*) qui ont fini par fusionner.

La pucelle de Valenciennes

Laissons là nos trois reîtres et leur accord diplomatique fondateur du français pour évoquer le sort funeste d'une pucelle qui fournit le sujet du premier texte littéraire français que nous connaissions. C'est un chant religieux, la « séquence » (ou « cantilène ») de sainte Eulalie, rédigé vers la fin du IXe siècle, qui, avec les *Serments*, illustre la naissance, le jaillissement de la nouvelle langue. Les 29 vers d'*Eulalie* (comme disent familièrement les philologues) sont l'adaptation très libre en français d'un poème écrit en latin contant le martyre d'une jeune chrétienne dans l'Espagne du IIe siècle de notre ère, lors des persécutions de l'empereur Dioclétien. *Eulalie*, dont l'auteur est inconnu, aurait été rédigée vers 882 (en pleine époque des incursions vikings), sur une page restée vierge d'un manuscrit de la bibliothèque de l'abbaye de Saint-Amand, près de Valenciennes, et a été découverte fortuitement par un érudit au XIXe siècle, mille ans après.

En voici les six premiers vers :

Buona pulcella fut eulalia
Bel auret corps bellezour anima
Uoldrent la ueintre li deo inimi
Uoldrent la faire diaule seruir
Elle nont eskoltet les mals conselliers
Quelle deo raneiet chi maent sus en ciel…

Eulalie était une bonne jeune fille.
Elle avait un beau corps, une âme plus belle encore.
Les ennemis de Dieu voulurent la vaincre,
Ils voulurent lui faire servir le diable.
Elle n'écoute pas les mauvais conseillers,
[Qui veulent] Qu'elle renie Dieu, qui réside là-haut, au ciel.

Eulalie complète la panoplie des pronoms, avec la première occurrence du féminin *elle* (issu du démonstratif latin *illa*, « celle-ci »). On y voit surtout l'émergence des articles (issus eux aussi des diverses formes du démonstratif latin *ille*), qui étaient inconnus du latin classique. Ils prennent la marque du genre, du nombre, et se déclinent : par exemple *li* [*inimi*] est l'article masculin pluriel sujet, et *les* [*conselliers*], l'article masculin pluriel régime.

Les linguistes parlent de passage d'une structure *régressive* (l'information syntaxique est presque uniquement assurée par des désinences en fin de mot) à une structure *progressive* (ces informations sont assurées aussi par des articles, pronoms et prépositions, *mots-outils* ou *mots grammaticaux* qui viennent se placer devant les noms et les verbes).

Le conditionnel, qui n'existait pas en latin et qui est formé sur le même modèle que le futur – infinitif suivi du verbe *avoir* conjugué à l'imparfait –, fait sa première apparition :

> *Melz* ***sostendreiet*** *les empedementz*
> *Quelle perdesse sa uirginitet*
>
> Elle supporterait les supplices
> Plutôt qu'elle perdît sa virginité.
> *(vers 16-17)*

La langue dans laquelle fut chantée *Eulalie* est très élaborée, très loin de la grossièreté supposée du roman rustique, avec ses subjonctifs passés (comme *perdesse*), ou encore ses mots employés au sens figuré, comme *seule* (siècle), pour « vie terrestre » :

Uolt lo seule lazsier si ruouet krist

Elle voulait quitter le siècle, si le Christ l'exigeait.
(vers 24)

Le cinquième vers d'*Eulalie* – *Elle nont eskoltet les mals conselliers* – contient déjà tout le « génie » de la langue française, car il offre la première attestation de proposition suivant l'ordre sujet-verbe-complément (SVC), ordre appelé à un grand avenir.

L'idiome qui apparaît dans les *Serments* et *Eulalie* est une sorte d'hybride (nous n'irons pas jusqu'à dire qu'il est génétiquement modifié), avec des éléments le reliant au latin et d'autres montrant qu'il s'en éloigne. Il conservera pendant plusieurs siècles ce caractère mixte, le système des déclinaisons s'affaiblissant progressivement, et la langue connaîtra ce que Littré appelle sa « *révolution syntaxique* » avec l'abandon de ce système, dans la seconde moitié du XIVe siècle. L'ordre des mots, devenu plus rigide, et l'emploi croissant des articles et prépositions l'ont rendu caduc. C'est d'ailleurs à ce moment que le français devient à peu près intelligible pour nous et ne nécessite plus de traduction. Il a quitté la galaxie des langues « synthétiques » pour aborder aux rivages « analytiques ».

Ordre, clarté et douceur

Les lettrés et intellectuels, au moins jusqu'au XVIIe siècle, ont été bilingues : la langue maternelle pour les usages courants et pour la littérature d'agrément, le latin pour tout ce qui relève de la science (droit, philosophie, médecine), avec une sorte de complexe d'infériorité de la première par rapport au second. Pourtant, dès la Renaissance, l'idée se développe que le français peut remplir tous les usages du latin, qu'il peut tenir le même rang, mieux, qu'il le surclasse, notamment par l'ordre clair, suivant celui de la raison, des mots dans la phrase. Ainsi, le poète Clément Marot (celui-là même qui codifia le premier l'accord des participes passés) a pu écrire au XVIe siècle : « *Notre langue aime à suivre, en l'arrangement de ses mots, l'ordre naturel de l'entendement, qui est que la diction régissant soit devant la diction régie.* » En clair, le sujet commande le verbe, qui lui-même commande les compléments. Aujourd'hui encore, dans toutes les écoles de journalisme, cet ordre est présenté comme le plus pertinent et le plus intelligible et *Le Monde* le recommande pour ses titres « informatifs ».

Deux siècles plus tard, c'était aussi l'opinion de Voltaire : « *Le génie de notre langue est la clarté et l'ordre.* [...] *L'ordre naturel dans lequel on est obligé d'exprimer ses pensées et de construire ses phrases, répand dans cette langue une facilité et une douceur qui plaît à tous les peuples...* » Une idée assez surprenante – d'autant plus que l'italien ou l'espagnol, pour ne prendre qu'eux, suivent très fréquemment cet ordre SVC –, qui sera théorisée et amplifiée par Rivarol dans son fameux *Discours sur l'universalité de la langue française*, en 1784 : si le français est devenu la langue des élites européennes, il le doit à sa « supériorité ». Il le doit plutôt au fait qu'il était la langue d'un État conquérant, une « superpuissance », et on peut comparer sa domination à celle de l'anglais aujourd'hui. La France n'étant plus qu'une puissance, mettons, de seconde catégorie, faut-il en inférer que le « génie » s'est évaporé, ou qu'il a trouvé plus... génial que lui ?

L'État n'a vraiment commencé à légiférer en matière de langue qu'à partir du XVIe siècle. L'ordonnance de Villers-Cotterêts, prise par François Ier en avril 1539, et considérée comme la première grande intervention étatique dans le domaine linguistique, imposa l'usage du français, la langue parlée par son souverain, dans les actes officiels et de justice ; elle visait à combattre à la fois le latin et les parlers locaux. Mais la mesure la plus importante en la matière est sans doute la création de l'Académie française par Richelieu en 1635, sous le règne de Louis XIII. Sa mission était de réguler et unifier la langue et de lui donner une grammaire officielle, de la tenir en lisières après des siècles sans tutorat, lointain écho des mesures prises par Charlemagne pour mettre de l'ordre linguistique dans sa chancellerie.

Le français était certes la langue la plus aboutie, mais à condition qu'on la débarrassât de toutes les scories archaïsantes, populaires et patoisantes, et de ses latinismes et italianismes – la langue de Dante jouant à l'époque dans l'esprit des puristes le même rôle envahissant et pernicieux que l'anglais aujourd'hui ; et que l'on fixât une fois pour toutes des règles précises là où une certaine liberté régnait, comme dans les accords en genre et en nombre.

L'heure était venue des normalisateurs, qui s'appuyèrent sur le travail novateur d'un des premiers académiciens, Vaugelas (*Remarques sur la langue françoise*, 1647), pour en faire la bible du bon français par « *immobilisme idéologique* » (J.-P. Seguin, *Nouvelle Histoire de la langue française*) : ils ont nom Boileau, La Bruyère, puis, plus tard, Voltaire. L'Académie, dont ils furent tous membres, chercha surtout à influencer les écrivains, pour qu'ils servent de vecteurs à la langue épurée, n'hésitant pas à leur faire des remontrances publiques pour tel ou tel manquement à la grammaire, et elle y est assez bien parvenue.

L'éventail des choix syntaxiques pour exprimer la même idée s'est restreint, à l'image de ce qui est arrivé au complément de nom : ainsi, écrire ou dire *le fils du roi* est devenu la seule forme correcte, alors que *le fils au roi*, ou *le fils le roi* avaient été aussi possibles, mais furent rejetés dans les ténèbres ignorantines. À l'image aussi du sort du subjonctif, dont l'utilisation était en grande partie laissée au libre choix du locuteur, de plus en plus employé mécaniquement après tel verbe ou telle conjonction.

La syntaxe n'a plus beaucoup varié depuis cette normalisation amorcée au XVIIe siècle. Même la Révolution n'y a apporté aucun changement, alors qu'elle a considérablement enrichi le vocabulaire : des bouleversements politiques et sociaux peuvent n'avoir aucune incidence sur la structure de la langue, un peu comme les tempêtes en mer, qui affectent la surface mais sont superbement ignorées des profondeurs.

Depuis au moins un siècle, une chose a cependant changé : le français a beaucoup perdu de sa superbe. Les triomphateurs du passé, de Marot à Rivarol, ont cédé la place aux « *pleureuses* » d'aujourd'hui, selon l'heureuse expression d'Henri Meschonnic : ce ne sont que lamentations sur le massacre de la langue par ses locuteurs mêmes, jérémiades sur la difficile transmission de la grammaire, gémissements sur le recul du français dans le monde, imprécations contre l'envahissement de l'anglais. Beaucoup de bruit pour pas grand-chose : la syntaxe semble peu touchée par l'influence anglo-saxonne. Tout juste une expression comme *en charge de* (à la place de *chargé de*), en grande faveur dans la presse, peut-elle être considérée comme un calque de l'anglais. Quant au traitement des mots étrangers par le français, il montre une attitude beaucoup plus humble : jadis, on francisait allègrement noms communs et propres, jusqu'à les rendre parfois méconnaissables, comme *riding-coat* devenu *redingote*, ou *London* devenu *Londres*. Aujourd'hui, c'est bien fini, et l'on garde même la prononciation des mots importés, comme *week-end* ou *cow-boy* (à l'exception de *people* devenu *pipeule*). Peut-être y aura-t-il même un mouvement inverse de « défrancisation », *Léonard de Vinci* redevenant alors le *Leonardo da Vinci* originel ?

« joré bien voulu vou i voir »

En juin 2008, le site Internet d'information *Bakchich* a reproduit ce commentaire, posté sur un blog, d'une lycéenne qui venait de passer l'épreuve de philo du baccalauréat, pour illustrer la déliquescence de l'expression écrite de la jeunesse scolarisée :

> *merci pour ceu qui ont passé leur bac aujourdhui j'en fai partie je suis en ES et pour la pers qui a di ke les sujet été simple jorai bien voulu vou i voir se matin, se n'est pa parceke le sujet est simple a comprendre kil é simple a interprété !!! pour les L je sui daccor c peut etre leur programme mai suivant le correcteur les note change alor les pauvre si il tonbe sur un mauvai correcteur é kil se tape une vielle note pa de chanse !! bref tt sa pour dire ke ok la filo c'est simpa (jaime bcp) mais pour ceu ki critik joré bien voulu vou i voir se matin !!!!!! une éléve de term.*

Ces quelques lignes, de lecture malaisée, constituent une sorte de régression, qui réduit en miettes des siècles d'efforts pour constituer une orthographe et une typographie cohérentes et unifiées. Pourtant, cette lycéenne n'est pas une « illettrée » et n'a vraisemblablement pas rédigé sa copie ainsi. S'exprimant sur le Net, elle s'est affranchie des contraintes, adoptant une écriture plus ou moins phonétique (il semble bien que ce nouveau support incite au défoulement et au non-respect de tous les usages). Certains de ses choix graphiques rappellent ceux des copistes du Moyen Âge : l'orthographe étymologique n'est pas respectée, ce qui est fatal au « ph » (*filo*), au « y » (*simpa*) et surtout au « qu », presque partout remplacé par un « k » ; elle use de nombreuses abréviations, en s'appuyant essentiellement sur les consonnes (*bcp, tt*), et n'a pas unifié les graphies d'un même mot (*c, c'est*). Elle abandonne aussi la plupart des marques du pluriel qui ne se prononcent pas – et, d'une façon générale, toutes les consonnes finales muettes (*alor, pa*) –, soude parfois le pronom sujet *je* au verbe (*jorai, joré, jaime*) et agglomère beaucoup de mots (*parceke, daccor, kil*).

Ces pratiques préfigurent-elles des évolutions possibles du français écrit ? En tout cas, nous sommes prévenus de ce qui pourrait se produire si la norme se relâchait ou même disparaissait, par exemple dans un contexte comparable à celui de la fin de l'Empire romain. Mais nous voilà revenus à notre point de départ !

MASCULIN, FÉMININ

Le genre idéal

Les Hongrois ne connaissent pas leur bonheur : ils n'ont pas à se préoccuper du sujet – ô combien sensible – du genre grammatical, s'évitant ainsi bien des tracas. Leur langue possède des mots distincts pour ce qui est différencié sexuellement – comme en français *frère* et *sœur* – et adjoint l'affixe « nö » à un nom de métier ou de fonction pour indiquer que c'est une femme qui l'exerce : ainsi d'*avocat*, *ügyved*, qui devient *ügyvednö* quand une femme… revêt la robe. Tout le reste du lexique est « sans genre ». Le français, en important le mot hongrois *goulache*, entré dans le vocabulaire culinaire à la fin du XIXe siècle avec le *paprika*, lui a cherché un « sexe » grammatical, qu'il n'a toujours pas trouvé, si bien que l'on mange indifféremment *de la goulache* ou *du goulache*. C'est d'ailleurs la répartition de tout le lexique en deux genres qui rend les Magyars le plus perplexes quand ils se mettent à l'apprentissage du français – pourquoi *une chaise* et *un fauteuil* ? – et qui provoque la majorité de leurs fautes. C'est là-dessus qu'achoppent aussi les anglophones : l'anglais connaît le genre – il en possède même trois –, mais celui-ci ne se marque qu'au travers des pronoms et des possessifs : ni le substantif – en dehors des cas où les noms diffèrent suivant le sexe (*brother*, frère, et *sister*, sœur) – ni l'article ni l'adjectif ne se différencient en genre, et la majorité des mots relèvent du neutre. Ne sont masculins ou féminins, en plus des êtres humains, que les *pets* (méfiez-vous de ce faux ami, qui désigne les animaux familiers), les bateaux, qui sont féminins (on se demande bien pourquoi), et les objets personnifiés, comme les cartes à jouer dans *Alice au pays des merveilles*, de Lewis Carroll.

Il en va bien autrement en français, où chaque mot de notre lexique appartient soit au genre féminin soit au genre masculin. Les mots désignant les animés se répartissent suivant le sexe : cela est valable pour les êtres humains (*frère* et *sœur*, *oncle* et *tante*), pour les animaux domestiques (*chat* et *chatte*, *cochon* et *truie*), le gibier ou les grands animaux (*cerf* et *biche*, *lion* et *lionne*). De nombreux animaux, pourtant bien animés, sont désignés par un terme générique, c'est-à-dire qu'il recouvre les deux genres – *la souris*, *la girafe*, *le hérisson* – et il est éventuellement nécessaire de préciser s'il s'agit d'un mâle ou d'une femelle. En ce qui concerne les non-animés, le genre apparaît à de nombreux grammairiens comme arbitraire. Pour beaucoup de mots, rien ne permet de choisir à coup sûr le « bon » genre : même la terminaison en *e* « muet » – autrefois appelé *e* « féminin » – n'est pas un repère fiable. « *Il y a à peu près autant de noms masculins que de noms féminins terminés par* e *"muet" (47 % de masculins, 53 % de féminins)* » (Michel Arrivé, *Le Linguiste et l'inconscient*). L'apprentissage du genre des mots se fait « naturellement » : le locuteur de langue maternelle française enregistre dès son plus jeune âge le genre des mots qu'il entend, genre qui va influer sur l'article, l'adjectif et les pronoms qui y sont associés et, pour le vocabulaire courant, il rencontrera peu de difficultés dans ce domaine. Il reste cependant une part non négligeable de mots sur lesquels il s'interrogera.

Les mots ont-ils un sexe ?

La distribution des mots français entre féminin et masculin est un héritage du latin et elle s'est effectuée le plus souvent en respectant le genre originel. Seule différence importante, le français, comme les autres langues romanes, n'a pas conservé le neutre, et les mots issus de neutres latins durent se répartir dans les deux genres subsistants, avec une préférence pour le masculin. Mais, à l'intérieur de cette organisation en deux camps (dichotome, pourrait-on dire), il y eut bien des chassés-croisés. Certains mots ont joué les transsexuels au fil du temps – on traitait *un affaire* jusqu'au XVIe siècle et on vivait dans *une* comté –, d'autres sont « bi », changeant de genre en passant du singulier au pluriel (*un pur délice*, mais *les plus belles délices*), d'autres encore forment des couples homonymes, changeant de sens en changeant de genre (*un poêle / une poêle*). Voilà qui pourrait en partie répondre à un internaute, Pascal, qui posait malicieusement cette question : « *Le genre a-t-il à voir avec l'orientation sexuelle ?* »

Nous l'avons dit, beaucoup de grammairiens soulignent l'arbitraire du genre dans les langues indo-européennes, dont le français fait partie. Joseph Vendryes écrit dans *Le Langage*, paru en 1920, que « *la distinction des genres grammaticaux ne répond à rien de rationnel* », et Brunot & Bruneau, les Dupond / t de la grammaire, affirment en 1932 que « *le genre des noms, dans la plupart des cas, est arbitraire: il n'y a pas de raison intrinsèque pour que le soleil, le tableau soient masculins, tandis que la lune, la table, sont féminins (et, en effet, les mots allemands correspondants sont du genre opposé)* » (*Précis de grammaire historique*). Toujours sur cette longueur d'onde, l'Académie française, qui répondait aux tenants de la féminisation des noms de métier, précisait : « *Il convient en effet de rappeler qu'en français comme dans les autres langues indo-européennes, aucun rapport d'équivalence n'existe entre le genre grammatical et le genre naturel* » (déclaration de 1984).

Pourtant certains grammairiens ont émis des avis différents. D'Olivet, par exemple, défend dès le XVIIIe siècle l'idée que la différenciation des genres en grammaire découle de la différence des sexes observée dans la nature. Au XIXe siècle, les frères Bescherelle (faut-il presque toujours s'y mettre à deux pour écrire sur la grammaire ?) avaient eux aussi développé une explication « sexuée » du genre des mots dans leur *Grammaire nationale* : « *De même qu'il y a deux sexes pour les êtres animés, il doit y avoir deux genres parmi les noms : le genre masculin et le genre féminin.* [...] *La distinction des noms en deux genres* [...] *conformément aux deux sexes, fut donc prise dans la nature ; et on aurait tort de croire, avec Duclos et d'autres grammairiens, qu'elle soit arbitraire et de pure fantaisie.* »

Le fait est que la séparation en deux genres a entraîné une « sexualisation » de la langue française : au début du XXe siècle, Jacques Damourette et Édouard Pichon, éminents linguistes et admirateurs de Maurras, sont à l'origine du concept de « sexuisemblance », définissant le genre comme un « *sexe fictif* ». Voilà ce qu'ils écrivent à propos du mot *mer* : « *L'essentiel, c'est qu'il est passé au féminin dans notre langue, alors qu'il demeurait au masculin dans d'autres langues romanes. Et il semble difficile d'expliquer cette modification autrement que par des besoins métaphoriques conformes à l'esprit national, la mer ayant été conçue par nos ancêtres, de même que par nous, comme quelque chose de féminin. La mer est d'aspect changeant comme une femme, journalière, d'humeur mobile comme une jolie capricieuse, attirante et dangereuse comme une beauté perfide* » (*Des mots à la pensée*). Ajoutons que, sans l'homophonie que permet ce féminin avec *la mère* (et pourquoi pas avec *la maire*), les psychanalystes auraient perdu une des plus belles associations. Pourquoi nos voisins, comme le constatent eux-mêmes Damourette et Pichon, n'ont-ils pas senti cette essence féminine de l'onde salée ? Mystère.

À la même époque, Charles Bally, linguiste helvète, va également dans le sens d'un lien genre / sexe : « *C'est ainsi qu'en français les êtres et les choses doivent être masculins ou féminins, et quoiqu'on le conteste souvent, cette estampille sexuelle les présente à l'esprit sous un aspect où la fantaisie trouve son compte ; pensez à des couples tels que pied et main, fauteuil et chaise, soleil et lune, sans compter ceux que les psychanalystes interprètent de façon plus précise : bouchon et bouteille, tenon et mortaise, pène et gâche, etc.* » (*Le Langage et la vie*, 1913).

Wagner et Pinchon (encore des duettistes !), auteurs d'une grammaire universitaire parue en 1962, défendent une position intermédiaire et assez largement partagée, qui peut se résumer ainsi : en matière de sexe, certains mots sont plus motivés que d'autres. Dire que le genre d'un nom est *motivé*, *référentiel* ou *naturel*, selon la terminologie utilisée, signifie que son appartenance au genre féminin ou au genre masculin correspond à une différence de sexe. Cela ne concerne évidemment que les noms communs animés.

Pour les autres, les non-animés, on dit que leur genre est *non motivé* ou *grammatical*: *la rose* ou *la vertu* n'ont rien de féminin, pas plus que *le lys* ou *le vice* n'ont quoi que ce soit de masculin. Mais l'arbitraire du genre une fois posé, on ne peut nier que, dans l'usage que nous faisons des mots, le genre « fasse sens » et que ce « sexe fictif », exploité par les écrivains et surtout les poètes, finisse par leur coller à la peau.

Œstrogènes et testostérone

Certains mots ont pourtant mis du temps à trouver leur identité profonde. Ceux sur lesquels on constate encore aujourd'hui un flottement font souvent partie de cette catégorie : *esclandre*, masculin, s'est rencontré au féminin jusqu'au XIXe siècle et il n'est pas rare de voir éclater de nos jours *une* esclandre. Des mots de la grammaire sont eux-mêmes sujets à hésitation : ainsi *épithète* et *orthographe* obligent à se concentrer un instant : tous deux n'ont acquis leur genre féminin qu'au XVIIe siècle et étaient auparavant masculins. Si étonnant que cela puisse paraître, le pape (qui rentre incontestablement dans la catégorie des animés) eut droit lui aussi au féminin : dans *La Vie de sainte Elysabel*, Rutebeuf écrit : « *La renomee de s'estoire / Alat a* ***la*** *pape Grégoire* », et pourtant, comme en atteste Rabelais, « *il a couilles, le Père Sainct* [...] *: autrement ne serait-il Pape* » (*Le Quart Livre*). On voit bien par là que le lien sexe / genre n'est pas aussi net qu'on pourrait le croire.

Amour était au XVIe siècle encore féminin et il faut s'en souvenir pour comprendre le poème de Marot consacré à l'accord du participe passé : « *La chanson fut bien ordonnée, / Qui dit :* ***M'amour vous***

ay donnée. » Si *amour* est devenu masculin au singulier, il est resté féminin au pluriel, comme dans ce titre de Yukio Mishima : *Les Amours interdites* (mais *les amours interdits* sont maintenant autorisés par les dictionnaires). Il partage d'ailleurs cette particularité avec *délice* et *orgue*, ce dernier, au féminin et au pluriel sous la forme consacrée de *grandes orgues*, désignant un instrument unique ! Rémy Belleau, un poète du XVIe siècle qui s'y connaissait en amour, commence ainsi une « Complainte » : « *Je n'ai membre sur moy, nerf, ny tendon, ny veine / Qui ne sente d'Amour* ***l'amoureuse poison***... » Où l'on constate alors que *poison* était lui aussi féminin. Tout comme *mensonge* : Ronsard, repoussé par la cruelle Hélène, évoque cet amour qui le ronge comme « *une plaisante farce,* ***une belle mensonge*** » (*Sonnets pour Hélène*, LXXIV). C'est peut-être influencé par *songe* que *mensonge* a tourné casaque. Amour, poison et mensonge... voilà qui pourrait faire un titre de feuilleton tout à fait acceptable.

À poil et à plume

Les genres anciens n'ont parfois pas totalement disparu et perdurent dans certaines formes figées. C'est le cas d'*ouvrage*, devenu masculin, tout en gardant son genre premier dans l'expression donnée comme populaire : *la belle ouvrage*. Vaugelas signale dans ses *Remarques sur la langue françoise* que « *les femmes parlant de leur ouvrage, le font tousjours feminin, & disent* voilà une belle ouvrage ; mon ouvrage n'est pas faite. *Il semble qu'il leur doit estre permis de nommer comme elles veulent ce qui n'est que de leur usage ; je ne crois pas pourtant, qu'il nous fust permis de l'escrire ainsi* ». Passe encore à l'oral et uniquement pour les travaux qu'on dit de dames, mais en ce qui concerne les choses de l'esprit, l'ouvrage se doit d'être masculin ! À l'inverse du précédent, *horloge* est passé du masculin au féminin au XVIIe siècle, mais on le rencontre au masculin jusqu'au XIXe. Là encore, le genre ancien a laissé des traces, puisque Rouen possède toujours son « Gros Horloge ».

Certains mots, qui ont changé de genre, ont cependant conservé leur genre premier dans une acception très précise : *relâche*, autrefois uniquement féminin, est devenu masculin dans les sens de « repos » et d'« interruption des représentations théâtrales », mais il est toujours féminin quand il désigne le lieu où un navire fait escale. *Œuvre* cumule également les deux genres, le masculin, plus rare et de création plus récente, se rencontre chez Rabelais et s'est maintenu pour quelques emplois précis : l'ensemble de l'œuvre d'un artiste (une collection de livres d'art a pour nom *Tout l'œuvre peint*), en architecture (*le gros œuvre*), et dans l'expression *le grand œuvre*, étape ultime de la recherche alchimique où l'on voit le plomb se changer en or.

Ces résurgences du passé ne sont pas l'apanage des substantifs. L'adjectif *grand* possédait en ancien français une seule forme pour les deux genres : il était en quelque sorte unisexe. Ce n'était alors pas le seul : *gentil* ou *vert* partageaient cette originalité, héritée du latin, mais ces derniers ont très vite acquis une forme féminine. Seul *grand* a longtemps résisté, avant qu'un *e* final ne vienne différencier le féminin. Du Bellay pouvait encore, au XVIe siècle, comparer Paris à « *la grand'mer* » (*Regrets*, CXXXVIII). Ce passé a laissé dans notre vocabulaire des mots composés comme *grand-chose, grand-croix, grand-messe, grand-peur*..., l'expression *à grand-peine*, et bien des *Grand-Rue*. La *grand-mère* ou la *mère-grand* en est elle aussi un vestige, et pas seulement par la forme de l'adjectif mais par le sens lui-même qui s'aligne sur l'étymologie et signifie *avancé en âge*. Employé adverbialement, l'adjectif prendra la marque du féminin dans des formules comme *ouvrir toute grande la fenêtre* ou *la porte est grande ouverte*. Si cette règle est bien appliquée à l'écrit, on rencontre pourtant l'invariabilité chez certains écrivains et surtout à l'oral.

Le passé n'est pas seul en cause dans ces mutations, et la langue populaire peut aussi se jouer des genres, s'emparant d'un modeste *légume* pour le transformer, en le féminisant, en *une grosse légume*. L'argent lui-même n'est pas à l'abri de son irrévérence, le mot étant employé couramment au féminin dans des expressions comme *la bonne argent* ou *la belle argent*. Georges Marchais en tenait pour le féminin et proclamait volontiers : « *Il faut prendre l'argent là où elle est.* » Une faute de genre qui provoqua bien des moqueries sur son inculture, et qui permettait d'éviter de se prononcer sur le fond.

L'expression familière *une espèce de* se transforme assez facilement en *un espèce de* par une… espèce de contamination, s'alignant sur le genre du complément de nom. Sur le Net, un infographiste se demande comment faire « ***un** espèce de dégradé* » et un accro aux jeux vidéo se plaint d'être bloqué « *dans **un** espèce de jardin* ». Dès que le complément de nom est féminin, *espèce* retrouve son genre, comme lorsque cet internaute s'interroge sur le moyen d'ouvrir un vieux boîtier d'ordinateur : « *Y a **une** espèce de coque derrière…* » Quant au participe ou à l'adjectif, l'accord se fera non avec *espèce*, mais suivant le genre du nom : « *Une espèce de gringalet **beau** comme un ange* » (relevé sur la Toile).

Qui sont les vraies gens ?

Les mots qui désignent les êtres humains dans leur ensemble, mêlant indistinctement les deux sexes, sont des genres de phénomènes ou plutôt des phénomènes de genre. Le terme féminin générique *personne* a autrefois été masculin, peut-être par analogie avec *homme* : Pantagruel arrivant sur l'île des Papimanes rencontre « *quatre persones diversement vestuz* ». Mais, employé comme pronom, il a d'abord été féminin. Vaugelas, qui pourtant recommande déjà le masculin, signale que « *si on parle à une femme, ou d'une femme on dira,* Je ne vois personne si heureuse que vous *ou* si heureuse qu'elle, *& cela se dit ainsi eu égard* à la femme, *& non pas eu égard à* personne, *qui en ce lieu-là n'est point féminin* », et le galant Vaugelas d'ajouter « *si l'on parle* [...] *d'une femme grosse, on est encore plus obligé d'user du féminin et de dire* Je n'ay jamais veu personne si grosse qu'elle ». Le choix des exemples des grammairiens pourrait faire un joli sujet d'analyse !

Le mot *gens* est un cas à part : pluriel de *gent*, mot féminin dont on se souvient surtout grâce à La Fontaine et à sa « *gent trotte-menu* », il devrait donc être uniquement féminin. L'évolution sémantique de ce mot ayant fait de lui une sorte de pluriel du mot *homme*, il s'est approprié par contagion le genre masculin, et l'on constate qu'il est masculin dans des locutions toutes faites telles que *gens de lettres, de robe, d'épée* ou *jeunes gens* (on écrira *de grands jeunes gens*, ce qui englobe d'ailleurs les deux sexes...). Mais, quand il est précédé de l'adjectif, *gens* reprend son genre premier : on rencontre donc de *petites* ou de *vieilles gens*, sans oublier *les vraies gens*, dont on se demande bien en quoi elles sont plus vraies que les autres. Dès que l'adjectif repasse à droite, *gens* redevient masculin : *les gens bons, âgés* ou *malheureux*. La Fontaine termine ainsi « Le Renard, les Mouches, et le Hérisson » : « *Plus* ***telles*** *gens sont* ***pleins****, moins ils sont importuns* », mêlant les deux accords. Mais un adjectif peut encore modifier la donne. Voici ce que préconise l'Académie française dans son Dictionnaire de 1762, après avoir rappelé la règle qui précède : « *On dit néanmoins,* Tous les gens de bien [et non *Toutes*]. *Quand un adjectif de tout genre* [épicène] *précède le mot de Gens, on met* Tous *au masculin*. (Tous les honnêtes gens. Tous les habiles gens.) *Et quand un adjectif de terminaison féminine précède* Gens, *on met* Toutes. (Toutes les vieilles gens.) » À noter que ce cas d'hermaphrodisme est unique dans la langue française. Les *gens* sont décidément bien étranges.

Confusion en tout genre

De nombreux homonymes de sens différent se distinguent uniquement par le genre : *le livre / la livre, la voile / le voile, le geste / la geste* (dans l'expression *les faits et gestes, gestes* est féminin), *un espace / une espace* : en typographie, *espace* est féminin, mais rares sont ceux qui se préoccupent encore des espaces fines et fortes qui doivent se glisser avant et après certaines ponctuations et un internaute nommé Carnescchi de s'interroger : « *Mais qu'est-ce que "une espace" ? Si c'est la voiture, il faudrait une majuscule. Et d'ailleurs c'était "un Espace" lorsque j'ai acheté le mien en 1989...* »

Si les confusions de genre viennent de loin, elles sont souvent liées au fait que le mot commence par une voyelle et que l'article en s'élidant ne permet pas de repérer le genre. C'est le cas de *l'amiante,* de *l'ambre* ou de *l'apogée,* tous trois masculins, mais souvent féminisés à cause d'une terminaison en *e* perçue comme féminine. *Alvéole,* doté(e) des deux genres, est au masculin dans la fameuse dictée de Mérimée : « *Deux alvéoles furent brisés.* » Napoléon III, qui y fit 75 fautes, mit-il ces *alvéoles* au féminin ? Aujourd'hui, en tout cas, on considère le masculin comme une forme vieillie et c'est le féminin qui est préconisé.

Les mots utilisés presque exclusivement au pluriel sont eux aussi sujets à erreur, puisque là encore l'article ne permet pas de repérer le genre : on peut citer pour les féminins, *les agapes, les alluvions* et *les prémices* ; pour les masculins *les arrhes, les pénates* et *les effluves,* « *embaumés* » chez Mérimée.

Les mots « nouveaux » n'ont parfois pas acquis leur genre immédiatement : *automobile,* aujourd'hui féminin, fut jusqu'en 1920 masculin : « *C'est le peuple qu'il faut consulter quand on hésite sur un cas d'usage. Les académies peuvent bien discuter pour savoir si automobile est masculin ou féminin, et opposer les arguments aux arguments ; c'est de la théorie. En pratique, le peuple a eu bientôt fait de décider que le mot était féminin* » (J. Vendryes, *Le Langage*). Le temps a donné raison à Vendryes, et le genre féminin d'*automobile* n'a jamais été remis en question, que le mot subisse une apocope et devienne une *auto* ou que cet engin soit uniquement désigné par le nom de son constructeur (*une Renault*). Mais, comme le précisait l'internaute cité plus haut, on dit *un Espace* – et nous ajouterons *un monospace* –, sans doute parce que la taille de ces véhicules les rapproche du *camion*. Curieusement, *autoradio,* qui résulte de la soudure de deux mots féminins, est pourtant masculin, peut-être par analogie avec *le poste de radio*.

Ce tableau n'est évidemment pas exhaustif, mais il montre

bien que les mots sur lesquels les hésitations de genre sont fréquentes ont eu pour la plupart un passé un peu agité. Si à l'écrit on peut toujours ouvrir son Larousse ou son Robert – les dictionnaires des difficultés recensent aussi ces mots et les accompagnent d'exemples faciles à retenir –, à l'oral il faut se fier à sa mémoire. Il n'y a qu'une chance sur deux de se tromper !

« Paris la belle »

Le genre des noms de villes est un sujet d'interrogation pour beaucoup d'internautes et il n'est pas facile de dégager des règles en la matière. Rares sont les villes qui affichent clairement leur genre, mais il y en a : Le Havre, La Rochelle, La Canée, Le Caire, La Nouvelle-Orléans, La Mecque... La présence d'un nom commun dans le nom est aussi une précieuse indication, comme pour Les Sables-d'Olonne. En dehors de ces cas, il faut en appeler à l'usage : les noms de villes terminés par *-e(s)* ou *-ie* sont plutôt considérés comme féminins : Venise, Marseille, Athènes, Bruxelles, Londres, Alexandrie... Ceux terminés par des consonnes seraient plutôt masculins : Paris, Lyon, Berlin, Pékin, Séoul... Mais en ce domaine il y a de nombreuses exceptions : ainsi Alger est presque toujours au féminin, comme le prouve l'expression *Alger* ***la Blanche*** ou ce titre du *Monde* : « *Alger* ***vue*** *de ma fenêtre* » (23/12/04). Et toutes les villes « masculines » peuvent s'approprier le genre féminin du mot *ville*, même Paris, qui devient « *Paris la belle* » dans un film de Pierre Prévert.

Déterminées par un article défini, les villes se retrouvent souvent au masculin, d'autant plus si on leur accole des adjectifs comme *vieux* ou *grand* : *le vieux Marseille, le grand Londres*. Précédées de

« LA MARINE FRANÇAISE, ELLE TE DIT M... »

Le genre des noms des navires, goélettes et autres vaisseaux est parfois fluctuant (*nec mergitur*). On a vu que les Anglais féminisaient leurs bateaux. En France, au temps de la marine à voile, celle des pirates et du pavillon sans quartier, on alignait le genre sur celui du nom de baptême : *La Licorne, « fier vaisseau de troisième rang de la flotte de Louis XIV »*, dont le capitaine était un ancêtre du capitaine Haddock, nous a livré son secret en bande dessinée, et *La Belle-Poule* ramena à Cherbourg les restes de Napoléon. À Trafalgar, *Le Redoutable,* 74 canons, d'où partit le coup fatal à l'amiral Nelson, termina au fond de l'eau. La Marine nationale a conservé cet usage : un sous-marin nucléaire a repris ce nom de *Redoutable* : c'est maintenant un musée et *Le Terrible* a pris la relève. Si les sous-marins sont plutôt masculins, le patrouilleur *La Railleuse* voisine avec *La Jeanne-d'Arc*, un porte-hélicoptères.

Mais, dans la marine marchande, on semble préférer le masculin. Ainsi, un croisiériste fait découvrir le Guadalquivir à bord **du** *Belle-de-Cadix,* tandis qu'un autre propose « Couleurs d'automne » sur **le** *Queen-Mary-2*. Les noms de ville dont sont affublés nombre de bâtiments sont toujours masculins, sauf quand *ville* fait partie du nom lui-même. Louis Brauquier, amoureux de la mer, qui inspira à Pagnol le personnage de Marius, a écrit fort justement dans « L'ex-capitaine au cabotage » :

> *Au Bar de la Marine ouvert sur le Vieux-Port*
> *Il siège, galonné d'une antique casquette,*
> *Comme aux beaux jours d'été sur* La Ville-de-Cette...

Cette ville de Cette s'écrit aujourd'hui Sète... Si le nom du bateau est un nom de femme, il gardera ce genre : *La Santa-Maria* de Christophe Colomb, ou *La Marie-Joseph* chantée par les Frères Jacques.

tout (l'ensemble de la population), les villes passent au masculin : *tout Toulouse, tout La Havane.* Quand le nom de la ville ou du pays désigne le gouvernement, les instances publiques, ou le club de foot, on utilisera encore le masculin : « *Nantes a été outrageusement* ***dominé*** *par Marseille* » (*Footnantais.com*, 3/11/08) ; « *Paris et Berlin se sont* ***efforcés*** *de gommer les divergences qui ont semblé les opposer* » (*Libération*, 9/10/08). Mais cette règle est parfois battue en brèche. *Libé* a ainsi titré : « ***Traumatisée*** *par les tueries, Helsinki veut limiter le nombre d'armes à feu* » (3/10/08), alors qu'il s'agit en fait du gouvernement finlandais. Nous parions pour la coquille, mais la tendance est peut-être plus profonde, puisque l'AFP a elle aussi titré : « *Rome* ***prête*** *à adopter des mesures pour garantir la stabilité des banques* » (1/10/08). Le cas de Bruxelles est un peu à part ; la ville étant le siège de la Commission européenne, le féminin peut ici se justifier : « *Bruxelles est-elle* ***prête*** *à aider la filière avicole ?* » (*Le Monde.fr*).

Le talon d'Achille de la langue française

Comme les sexes se côtoient dans la vie (excepté au mont Athos), les genres se côtoient dans les phrases, s'associent et se mêlent. Cette mixité pose de sérieux problèmes dès lors qu'il s'agit d'accorder adjectifs et participes passés. Devant une telle configuration, le scripteur entend tout à coup une voix qui monte du fond de sa mémoire et fait résonner la formule magique apprise et répétée en chœur à l'école : « Le masculin l'emporte sur le féminin. »

Il n'en a pas toujours été ainsi, et la prédominance du masculin dans l'accord des adjectifs qualifiant plusieurs noms est, selon Georges Gougenheim, une règle «*assez factice*», qui n'a pas cours au XVIe siècle, les auteurs accordant normalement en nombre, mais en s'alignant sur le genre du dernier substantif, et il cite cet exemple de D'Aubigné: «*Portant à leurs bras et mains **innocentes***» (*Tragiques*). Au XVIIe siècle, Vaugelas se réfugie derrière Malherbe qui pensait qu'il «*fallait éviter cela comme un escueil*», mais ajoute: «*Il n'est pas question pourtant de gauchir tousjours aux difficultez, il les faut vaincre.*» (Voilà une fière maxime de grammairien.) Et prenant comme exemple: «*Ce peuple a le cœur & la bouche **ouverte** à vos loüanges*» – l'accord est fait en genre et en nombre avec le substantif le plus proche –, il continue: «*Il faudroit dire,* ouverts, *selon la Grammaire Latine, qui en use ainsi, pour une raison qui semble estre commune à toutes les langues, que le genre masculin estant le plus noble, doit predominer toutes les fois que le masculin & le feminin se trouvent ensemble; mais l'oreille a de la peine à s'y accommoder.*» C'est exactement ce qu'exprime le linguiste Charles Bally quand il parle de «*sentiment de barbarisme*» à propos de ces accords qui font suivre un substantif féminin d'un adjectif au masculin et, comme Vaugelas, il constate qu'on se tire de ce mauvais pas avec «*un accord unilatéral illogique*». Jean Girodet, dans son dictionnaire des *Pièges et difficultés de la langue française*, rappelle la règle d'accord au masculin, mais souligne aussi ce qu'elle a de choquant pour l'oreille et suggère de toujours placer le nom masculin devant l'adjectif, ce qui permet d'éviter «*un chapeau et une robe neufs*», qu'il propose de remplacer par «*une robe et un chapeau neufs*». Ce subterfuge n'est qu'un pis-aller, car on a alors le sentiment, à l'oral, que l'adjectif ne qualifie que le nom masculin, cela d'autant plus que la forme de l'adjectif diffère au féminin et au masculin (*neuf/neuve*).

C'est certainement quand des êtres humains des deux sexes sont associés que les problèmes apparaissent le plus clairement. Qui ne se souvient de ces otages emprisonnés en Libye durant huit ans et « libérés » par Cécilia Sarkozy en juillet 2007, au sujet desquels *Le Monde* rappelait cette même année : « *Cinq infirmières bulgares et un médecin palestinien sont prisonniers en Libye, condamnés à mort pour un crime qu'ils n'ont pas commis.* » Toujours le même malaise, que la langue française est impuissante à résorber : à cinq contre un, les femmes doivent encore s'aligner sur le masculin. En revanche, quand les formes sont phonétiquement identiques, le sentiment de barbarisme est moindre. C'est ainsi que cette phrase, détaillant les méthodes d'interrogatoire musclées des Khmers rouges, où l'adjectif qui s'applique aux trois termes de l'énumération est au masculin pluriel alors que le dernier substantif est féminin, est moins « dérangeante » : « *La méthode chaude incluait explicitement les "injures, coups ou autres tortures* ***autorisés*** *par le règlement"* » (*Le Monde,* 19/8/08). Ce domaine est le talon d'Achille de la langue française.

« Françaises, Français, Belges, Belges… »

Le fait d'accepter, avec l'Académie, la notion de genre « non marqué » – « *Le genre dit couramment masculin est le genre non marqué, qu'on peut appeler aussi extensif en ce sens qu'il a capacité à représenter à lui seul les éléments relevant de l'un et l'autre genre* » – ne fait pas pour autant disparaître le problème. Et cette capacité du masculin à représenter les deux genres est de plus en plus contestée, comme en témoigne le débat autour du mot « homme » qui a surgi à l'occasion du 60e anniversaire de la Déclaration universelle des droits de l'homme. Devant les officiels réunis à l'Élysée, l'ancienne présidente irlandaise Mary Robinson a déclaré : « *Je dois avouer que je préfère l'expression "droits humains" ; c'est plus moderne* » (*Le Monde*, 12/12/08). Et elle n'est pas la seule : pour de nombreux francophones le mot *homme* peine à représenter toute l'humanité. Une « chasse à l'homme » que le lexicographe Alain Rey justifiait dans le même article : « *"Droits humains" permet d'éliminer le côté masculin du mot "homme", tout en conservant la dérivation du latin* homo, hominis, *qui signifie l'espèce humaine.* » Ces *droits humains*, calqués sur l'anglais *human rights*, n'ont pourtant pas tout à fait le même sens que *droits de l'homme* : *humain* renvoie, comme le précise lui-même Alain Rey, à l'espèce humaine, alors que *homme* renvoie à la personne. Et les droits en question ne sont pas ceux de l'espèce, mais bien ceux de chaque individu de cette espèce.

Même si les *Français* des deux sexes se trouvent réunis dans ce mot unique, tout comme ils le sont dans les termes génériques *électeurs* ou *travailleurs*, il existe une forte tendance, assimilée par ses détracteurs au « politiquement correct », à doubler la mise en déclinant successivement les mots au féminin et au masculin. Bien que cette façon de s'exprimer soit souvent raillée – Pierre Desproges ne s'en est pas privé, dont l'une des interventions au *Tribunal des flagrants délires* débutait par « *Françaises, Français, Belges, Belges...* » –, cela traduit une réelle insatisfaction face au terme générique. Jacques Chirac avait résolu le problème en employant un mot épicène [1] et commençait tous ses discours par « *Mes chers*

1. Un mot épicène ne change pas de forme en changeant de genre : *concierge, journaliste, enfant, touriste, convive*... ne deviennent masculins ou féminins que grâce aux articles, adjectifs, etc., qui les accompagnent. Le mot

compatriotes » (*chers* et *chères* étant homophones, chaque auditeur ou auditrice pouvait s'identifier au travers de cette formule).

Pour faire comprendre aux hommes - aux vrais - ce que peut ressentir une femme à la lecture d'un texte entièrement rédigé au masculin, le Parti écologiste suisse, dont les membres - précisons-le - sont des deux sexes, a choisi, en 1990, de rédiger ses statuts en faisant du féminin le genre non marqué. Le quotidien suisse *Le Temps* a reproduit quelques extraits de ces statuts : « *Les membres individuelles peuvent participer aux délibérations lors des assemblées des déléguées* » ; « *Les vérificatrices de comptes examinent la comptabilité et font un rapport à l'assemblée des déléguées* » (17/7/07). Le journal concluait son article par une information qui augurait mal de l'avenir de cette initiative ; un site traitant de la dépression avait vite préféré revenir à la norme : « *Une première tentative d'utiliser systématiquement le féminin avait amené la plupart des lectrices et des lecteurs à penser que les troubles obsessionnels ou la dépression étaient des maladies spécifiquement féminines* ».

On voit bien ce qu'a de provocateur un tel parti pris, mais comme le dit Thérèse Moreau, experte auprès des Bureaux de l'égalité romands, interviewée sur ces essais : « *Une fois de temps en temps, c'est bénéfique* » (*ibid.*). Cette linguiste défend ce qu'elle appelle « *la parité linguistique* », en préconisant l'utilisation de termes génériques, comme *le corps enseignant* plutôt que *les enseignants, le service informatique* plutôt que *les informaticiens*, et celle des mots à deux genres, grâce à l'emploi des traits d'union : *les employé-e-s*.

épicène peut aussi n'avoir qu'un seul genre, mais désigner des personnes des deux sexes (*tyran, escroc, gourmet, dupe, victime, fripouille*).

Tout cela se passe en Suisse, nous direz-vous, mais, recevant les professions de foi syndicales pour les élections prud'homales de décembre 2008, nous avons pu lire : « *Le droit des salarié-es contre la loi des patrons* » ; « *des conseillers qui écoutent et défendent les salarié-es* » ; « *aucun-e n'est à l'abri d'une injustice* » ; « *un combat solidaire avec les chômeuses, les chômeurs et les exclu-es* » (Union syndicale Solidaires). Cette surcharge lexicale et orthographique, assez fréquente dans certaines publications de gauche, est une tentative de contourner la loi du genre. Elle est loin d'être satisfaisante : ces formes « bigenre » répondent de façon grammaticale à un problème de société, qui est de rendre les femmes « visibles » dans la langue. Mais on voit bien ce qu'elle a d'artificiel et combien il est difficile d'être cohérent dans une telle démarche : ainsi, pourquoi *salarié-es* et pas *patron-nes* ? Et puis certains mots ne se laissent pas si facilement faire : *chômeur* ne peut pas devenir *chômeu-ses* sans perdre un *r* au passage, tout comme *conseillers* qui ne peut pas devenir *conseillèr-es* à cause de l'accent grave que le nom prend au féminin...

Face à ces problèmes, certaines linguistes féministes envisagent l'abolition des genres. Céline Labrosse (*Pour une grammaire non sexiste*, 1996) milite pour la création de mots à terminaison unique pour les deux genres, ainsi que pour les adjectifs et les participes passés, ce qui donne : « *les professionnèles sont venuez* ». Nous assisterions donc au retour du *z*, qui ne veut pas dire Zorro, mais était une ancienne marque du pluriel des noms et adjectifs. Elle suggère aussi de créer un pronom bigenre : *ils* serait remplacé par *illes* : « *illes sont alléz au musée* ». Ce qui serait un bouleversement complet de la morphologie du français.

Ces propositions sont tout à fait marginales, même parmi les linguistes « progressistes » : Marina Yaguello, qui est favorable à la féminisation lexicale, reste attachée aux règles d'accord classiques et elle considère que le masculin générique est une réalité linguistique. On voit mal d'ailleurs d'où pourrait venir la décision d'appliquer une telle révolution morphologique, sauf à envisager une nuit du 4-Août de la grammaire !

En bref
MASCULIN, FÉMININ

- *Tous les substantifs se répartissent en deux genres grammaticaux : le masculin et le féminin.*
- *Cette distribution est un héritage du latin, dont le troisième genre, le neutre, s'est fondu le plus souvent dans le masculin français.*
- *Elle est qualifiée d'arbitraire dans le cas des mots désignant les non-animés : rien ne permet d'expliquer pourquoi on dit* une *table et* un *tableau.*
- *Le masculin est générique. Il peut prendre en charge les deux genres.* Les électrices *sont les femmes disposant du droit de vote ;* les électeurs *sont soit les hommes disposant de ce droit, soit l'ensemble du corps électoral, femmes et hommes mêlés.*
- *Les adjectifs s'accordent au masculin pluriel s'ils qualifient des mots des deux genres. Cette suprématie masculine, qui concerne aussi l'accord des participes passés, est contestée.*

Êtes-vous sûr(e) de leur genre ?

Anagramme	Jade
Anicroche	Jute
Antre	Libelle
Aparté	Oasis
Astéroïde	Omoplate
Azalée	Oriflamme
Baffle	Pétale
Échappatoire	Stigmate
En-tête	Termite

Réponses à la page 179.

« Qui va garder les enfants ? »

En 2005, le Bundestag a élu Angela Merkel au poste de *chancelière* d'Allemagne – Bismarck a dû se retourner dans sa tombe, lui qui vouait les femmes aux « trois K » : l'église (*Kirche*), la cuisine (*Küche*), les enfants (*Kinder*). Mais ce ne fut pas la première *chancelière* (*Kanzlerin*) de l'histoire : il y en eut bien d'autres avant elle, car ce mot servait à désigner auparavant l'épouse du chancelier. On peut gager que cette acception va disparaître et que le féminin sera dorénavant réservé à la titulaire du poste. Quant au mari d'Angela, a contrario, il n'est pas question de faire de lui un *chancelier* par la seule vertu du mariage.

Toujours en 2005, lorsque Ségolène Royal annonça qu'elle briguait la place de candidate de son parti à la présidentielle, Laurent Fabius eut ce cri du cœur : « *Qui va garder les enfants ?* », ce qui le plaçait dans la lignée bismarckienne. Il s'en est fallu de peu, en mai 2007, pour qu'il ait la réponse à sa question. Si Ségolène Royal avait été élue, elle serait devenue *présidente*, une première, mais comment aurait-on appelé son compagnon ? Nous doutons fort qu'il ait pu porter le titre de « premier homme de France » en s'alignant sur l'expression très mièvre (et même très cucul-la-praline) « première dame de France ». La masculinisation ne va pas non plus de soi !

Ah ! si les femmes s'étaient contentées d'être des épouses – *préfète* ou *ambassadrice* ; *boulangère* ou *épicière* –, ou de s'épanouir dans des métiers tels que *cuisinière, lingère* ou *gardeuse d'oies*, ce chapitre n'aurait pas lieu d'être. Mais elles ont accédé au cours du XXe siècle à des postes réservés jusqu'alors à la gent masculine. La langue a dû s'adapter à ces nouvelles venues. Cela s'est fait assez facilement quand elles investissaient des emplois modestes : la *cochère* a trouvé place dans le *Grand Larousse du XXe siècle*, comme la *factrice* qui apparaît pendant la guerre de 1914. Dès qu'il s'est agi de monter en grade, on a senti des tiraillements, avec des résistances, des avancées, des retours en arrière : ainsi *doctoresse*, courant dans les années 1960, n'est-il plus du tout en vogue aujourd'hui. La réémergence des mouvements féministes dans ces années-là a relancé un débat qui avait commencé au début du siècle. En 1922, Ferdinand Brunot écrivait : « *Pour un certain nombre de mots, la question s'est résolue sans peine : avouée, avocate, agrégée n'ont rien qui choque ; mais docteur a fait difficulté, et aussi professeur, ingénieur ; croque-morte a l'air d'une funèbre plaisanterie. Le problème n'est pas simple* » (*La Pensée et la Langue*).

Au Québec, des recommandations en faveur de la féminisation parurent en 1979 ; en France, c'est en 1984 qu'une commission mise en place et présidée par Yvette Roudy, ministre des Droits de la femme, et à laquelle participaient Benoîte Groult, écrivaine, ainsi que des linguistes, se prononça elle aussi en faveur de la féminisation du « *vocabulaire concernant les activités des femmes* ». C'est à cette occasion que l'Académie intervint, estimant qu'il fallait laisser à « l'usage » le soin de modifier ces règles (on pouvait entendre par là qu'il était surtout urgent de ne rien faire). Un féminin pourtant trouva grâce aux yeux de l'académicien Georges Dumézil, qui s'exprima longuement sur le sujet dans *Le Nouvel Observateur* : « *Dans les vingt ou vingt-cinq dernières années, j'ai vu naître, devançant la commission, un petit nombre de féminins auxquels on ne pensait pas et dont on ne peut plus se passer. Ainsi, l'admirable substantif "conne"* [...]. *Aujourd'hui, allez donc dire cela autrement...* » (7/9/84). Les « connes » ici visées étaient censées se reconnaître... Dumézil, pour être académicien, n'en était pas moins mufle.

Deux ans plus tard, en 1986, une circulaire gouvernementale, signée du Premier ministre de l'époque, Laurent Fabius, précisa les procédés de féminisation préconisés : mettre l'article féminin devant le substantif sans toucher à l'orthographe de ce dernier (*une maire, une médecin*) ou adjoindre l'affixe *-e* (*une députée, une agente* et – avec quelques petits aménagements – *une préfète, une chirurgienne*) ; les mots en *-eur* ou *-teur* étant féminisés grâce aux affixes *-euse, -teuse* ou *-trice* (*danseuse, acheteuse, animatrice*). Pour ceux terminés par *-eur* non formés à partir d'un verbe, la première solution consistant à accoler un article féminin était retenue (*une auteur, une ingénieur*). On voit que, sur ce dernier exemple, ce choix est au XXIe siècle en concurrence avec la solution québécoise qui consiste à ajouter un *-e* à ces mots : *auteure, ingénieure*. Enfin, en 1997, il fut décidé en Conseil des ministres de féminiser les appellations des emplois administratifs, ce qui consistait d'ailleurs à appliquer les décisions de 1986, mais relança une nouvelle fois le débat. Et entraîna une nouvelle mise au point de l'Académie reproduite dans *Le Figaro* sous le titre : « L'Académie française veut laisser les ministres au masculin » (9/1/98)...

Cahin-caha, les choses ont tout de même changé ; on le constate à la lecture du petit livre de Marina Yaguello, *Le Sexe des mots*, paru en 1989. Au mot *auteur*, elle écrit : « *En France la résistance à toute féminisation est pour l'instant absolue* » – on s'aperçoit aujourd'hui que les *auteures* sont monnaie courante, du *Figaro* à *Libération* en passant par *Elle* ; à *magistrate* : « *Le mot n'est enregistré par aucun dictionnaire* » – *magistrate* figure bien dans le Petit Robert 2002 ; à *professeur* : « *La forme* professeure, *sur le modèle* prieure *a été proposée dès le début du* [XXe] *siècle par des grammairiens comme Ferdinand Brunot et Albert Dauzat. Elle ne s'est jamais imposée, sinon au Canada* » – nous en avons relevé dans toute la presse. Sur tous ces points, la féminisation a largement progressé en une vingtaine d'années.

L'Académie, elle, n'a pas désarmé et Jacqueline de Romilly, l'une des Immortels, répondait à un journaliste de *L'Express* qui lui demandait pourquoi elle était réticente à la féminisation des mots : « *Je n'y suis pas réticente : j'y suis hostile. J'admets très bien qu'une langue évolue, que se créent des mots lorsque c'est nécessaire. Le dictionnaire de l'Académie a des quantités de mots nouveaux ! Mais, d'une part, je suis choquée que cela soit par décret gouvernemental et pas par un usage spontané, contrôlé par les gens qui connaissent la langue, et, d'autre part, je suis scandalisée que cela soit fait contrairement aux règles, aux habitudes, aux tendances reconnues de la langue. La féminisation d'un mot en "eur" n'est pas en "eure". Cela n'existe pas ! Ce n'est pas dans l'esprit de la langue. Une "professeure", cela ne peut pas se dire, ne doit pas se dire* » (29/3/07). S'il nous est permis de reprendre une académicienne, *professeure* ne se « dit » pas, la marque féminine étant uniquement sensible à l'écrit, mais nous imaginons fort bien cette opposante appuyer fortement sur la terminaison qu'elle abhorre et prononcer *professeureu*.

Une gouverneuse qui a du mal à passer

En août 2008, alors que John McCain choisissait une femme pour faire équipe avec lui dans la campagne présidentielle américaine, *Le Monde.fr* écrivait : « *Le candidat républicain a désigné, vendredi 29 août, Sarah Palin,* ***gouverneuse*** *de l'Alaska, comme candidate à la vice-présidence.* » La réaction des internautes ne se fit pas attendre. Spartacus s'emporte : « *Quand je lis le mot "gouverneuse", j'ai honte d'être français en 2008 ! Ah, qu'en dirait mon brave instituteur qui ne se souciait pas du sort des baleines, mais nous apprenait l'orthographe ? Et une femme entraîneur de basket, c'est une entraîneuse ?* » Le ton est donné et Behel enfonce le clou : « *Vocabulaire politiquement correct, que ne te fait-on pas écrire ? Une gouverneuse ! C'est grotesque ! Bientôt les militaires masculins qui montent la garde vont refuser l'appellation de sentinelle… Quoi ? Un nom commun féminin pour un homme en arme ? Vive le "sentineau", tellement plus…. Plus quoi déjà ? Ben, comme la gouverneuse, plus c… Que fait l'Académie, notre "directeuse" de la langue française ?* » Et Bagaso, choqué par la féminisation mais pas très respectueux de la syntaxe, s'étouffe : « *GouverneuSE…* Le Monde *ose de pareil barbarisme ???* » Certains défendent tout de même, mais très perfidement, cette *gouverneuse*, comme Beaumont : « *Que de réactions critiques envers* Le Monde.fr *pour avoir employé le mot* gouverneuse *au lieu du machiste* gouverneur *! C'est ne pas voir l'héroïsme journalistique dont font preuve les rédacteurs. C'est ne pas comprendre qu'il faut de tels actes de courage pour qu'un jour advienne l'humanité nouvelle et que la parité lexicale soit enfin établie sur la terre.* » D'autres, moins faussement enthousiastes, font preuve de bonne volonté et ouvrent le Littré. Émile, qui est un homme du XIXe siècle, écrit : « *Au féminin, gouverneuse s'est dit quelquefois, mais toujours par plaisanterie, pour gouvernante d'un homme, celle qui est à la tête de son ménage.* » D'autres encore en appellent à nos amis québécois en déclarant que « *la gouverneure semble plus adéquat* ». *Gouverneuse* est cependant donné comme « *féminin normal* » par le Petit Robert 2009, qui aurait mieux fait d'écrire « féminin grammaticalement possible ».

Pourquoi ces formes hérissent-elles tant de gens ? Georges Gougenheim tente une explication : « *Jadis, on croyait que les évolutions des formes s'opéraient de façon purement mécanique. L'état présent de la langue* [les années 1950] *nous montre que, dans les féminins des noms de profession comme dans d'autres cas, les réactions psychologiques et sociales peuvent intervenir avec vigueur et même contrecarrer le système des genres pourtant essentiel à la langue* » (*Les Mots français*). C'est vrai de notre *gouverneuse*, mais aussi de féminins qui sont attestés depuis longtemps, comme *maîtresse* (accepté s'il s'agit d'une institutrice, mais pas dans le cas d'une *maîtresse de conférences*), *directrice* (qui reste principalement confiné au domaine de l'école) ou *chirurgienne*, et qui suscitent toujours de fortes résistances.

Mais, à côté de ces résistances sociales, de véritables difficultés lexicales entravent la féminisation d'un petit nombre de mots, les fameux mots en *-eur*. Comme l'explique Jean Rousseau, « *la difficulté est réelle pour donner un féminin à des noms* (prédécesseur, successeur, procureur, censeur, professeur) *qui n'ont pas de verbe leur correspondant* (*prédécéder) [1] *ou dont le verbe n'a pas le même radical* (succéder) *ou encore dont le verbe est sémantiquement distinct*

1. L'astérisque indique que ce mot n'existe pas.

du nom (procurer, censer, professer) » (« *Madame la ministre* » : *la féminisation des noms en dix questions*).

Les Québécois, nous l'avons dit, ont opté pour le rajout d'un *-e* à la fin de ces mots, ce qui à l'oral ne change rien. Cette solution, qui était déjà préconisée en 1922 par Ferdinand Brunot, a largement pénétré la presse dans son ensemble : « ***Professeures** de zones sensibles entre les murs* » (*Libération*, 9/10/08) ; « *Cette **ingénieure** soupire* » (*Le Monde*, 27/9/08). Sans parler des ***auteures*** qui sont légion. Toutes ces formes sont en concurrence avec la forme masculine précédée de l'article au féminin, avec accord des adjectifs au féminin et parfois avec la forme en *-euse*, comme dans cette critique de la pièce de Pagnol *Fanny* par Brigitte Salino : « *Ce choix est revendiqué haut et fort par Muriel Mayette, **l'administrateur général** de la Comédie-Française, et par Irène Bonnaud, **la metteuse en scène** de la pièce* » (*Le Monde*, 30/10/08). Si Irène Bonnaud est une *metteuse en scène*, Muriel Mayette reste *administrateur général*, alors qu'*administratrice* est depuis longtemps admis. Où l'on voit que la féminisation n'en est qu'au stade artisanal et varie au sein d'un même article. Dans *Le Canard enchaîné*, une chronique judiciaire parue sous la rubrique « Coups de Barre » est titrée : « Madame **la procureure**, est-ce qu'on m'entend ? » (27/8/08). Marcel Aymé avait pour sa part préféré *procureuse* : « *Tout à l'heure, en prononçant mon oraison funèbre, vous avez eu, madame **la procureuse**, un mouvement d'exquise sensibilité* » (*La Tête des autres*). Sa *procureuse* n'officiait pas dans le prétoire, mais était simplement la femme peu scrupuleuse d'un procureur : l'aspect péjoratif de ce féminin n'aura échappé à personne. L'*avocate*, pour sa part, est largement entrée dans les mœurs, mais n'a jamais employé *maîtresse* pour désigner une soprano du barreau.

On rencontre aussi une forte répugnance à accueillir des féminins qui existent pourtant déjà, mais en tant qu'adjectifs : *partisane, policière, savante, vengeresse* et *ingénieuse*. C'est ce qu'exprime Gallymac, un internaute : « *Si les Québécois ont réglé le problème par "ingénieure", la version "ingénieuse" est plus sympathique* [...] *mais nettement moins professionnelle.* » La *partisane* commence, elle, à s'imposer.

Une forme féminine déjà existante peut faire obstacle à un nouvel emploi, comme *chauffeuse* (petit canapé) peut empêcher – du moins pour l'instant, car la polysémie n'a jamais fait peur à la langue française – que le mot devienne le féminin de *chauffeur*. Une autre raison explique les réticences à l'emploi d'un féminin depuis longtemps installé dans le dictionnaire : quand le mot a un sens péjoratif à connotation sexuelle. C'est le cas de la *favorite*, de l'*entraîneuse*, de la *maîtresse*, de la *professionnelle*, de la *gagneuse* ou de l'*initiatrice*. D'ailleurs Hughes, un internaute, s'en amuse : « *Si demain votre grand garçon découvre un sport et se met à le pratiquer, vous le confierez aux mains expertes d'une initiatrice puis à celles d'une entraîneuse.* [...] *Le porte-monnaie s'en ressentira, vous êtes prévenus !!* »

On reproche toujours à *écrivaine*, qui pourtant est attesté depuis le XIVe siècle et qu'employait Colette, sa terminaison *vaine* dépréciative, comme si écrivain ne se terminait pas par *vain*... Cette notion de « laideur » ou de « ridicule » – un internaute parle de formes « *rigolodicules* » et Daniel, dans un courrier au *Monde diplomatique*, les trouve pour sa part « *absurdes* » – est souvent avancée pour rejeter une forme féminine et correspond sans doute à un sentiment réel chez ceux qui l'expriment. Mais on peut penser que cette laideur ou cette absurdité sont bien subjectives et qu'il faut plutôt regarder vers la force de l'habitude – jointe à un certain machisme – pour comprendre ce rejet.

« J'ai pas pu dire chevalière... »

Plus haute est la fonction, plus elle a tendance à rester... au masculin. Depuis 1997 et la décision de féminiser les noms de fonctions administratives, la polémique autour de « la » ministre n'est pas retombée. Le temps a passé, les ministres se sont succédé, « la » ministre s'est plutôt bien implantée dans les médias, le mot devenant épicène, mais les réactions hostiles n'ont pas cessé. Nicolas G., par exemple, qui, après avoir découvert dans les colonnes du *Monde* « une » *ministre*, n'y va pas par quatre chemins : « [...] *s'arroger le droit d'enfreindre les règles de la langue française revient à s'arroger le droit d'enfreindre des règles légales. Partant de là comment expliquer à d'autres qu'ils ne peuvent pas tuer, voler ou conduire à 200 km/h en ville ? Ils ne font là rien de différent de ce que nous faisons tous avec la grammaire.* » Diantre ! serons-nous bientôt passibles de prison en cas d'écart grammatical ?

Mais, comme le disait déjà Ferdinand Brunot en 1922 : « [...] *beaucoup de femmes croiraient n'avoir rien obtenu, si l'assimilation n'était pas complète. Elles veulent porter tout crus des titres d'hommes : mademoiselle le Dr Untel.* » Presque un siècle plus tard, c'est toujours vrai : les femmes elles-mêmes font parfois obstacle à la féminisation, comme Rachida Dati, ministre de la Justice au moment où nous écrivons, qui intitule son blog *Le web* **du** *Garde des Sceaux*, ou cette maire de Plouguiel qui dans *Le Télégramme de Brest* revendique : « *Appelez-moi* ***Madame le maire*** » (3/4/08).

Le cas du syntagme[1] *Premier ministre* est un peu plus compliqué. Voici un échantillon de ce que nous avons relevé dans la presse. L'ensemble reste au masculin, et les adjectifs s'accordent comme ils le peuvent : « *Asif Zardari, veuf de l'**ancien** Premier ministre Benazir Bhutto, **assassinée** en décembre 2007...* » (*L'Express*, 11/9/08) ; le syntagme est traité comme un épicène et devient féminin : « ***La** Premier ministre* [Ioulia Timochenko] ***accusée** de complot prorusse pour la présidence* » (*Libération*, 19/8/08) ; la féminisation s'applique également à l'adjectif *premier* : « *Dakar n'a pas mis longtemps à réagir* [...] *à l'émission de neuf mandats d'arrêt visant des personnalités sénégalaises, dont une ex-**Première** ministre...* » (*Libération*, 15/9/08). C'est un peu la pagaille, et on sent bien que la difficulté vient de ce que *Premier* et *ministre* sont solidement soudés et que *Premier* renâcle à se laisser manipuler comme un simple adjectif.

L'*ambassadrice* pose un autre problème, car ce mot n'a longtemps désigné que la femme de l'ambassadeur, comme d'ailleurs la *présidente* – qu'on se souvienne de la présidente de Tourvel des *Liaisons dangereuses*. Alors que le mot s'emploie couramment dans l'expression « ambassadrice de charme », quand il s'agit de la fonction, on rencontre encore souvent le masculin. *Le Monde* écrit ainsi : « *Marie Ligor, l'ambassadeur de Roumanie en Espagne* » (27/9/08).

Curieusement, alors qu'il pourrait employer *ambassadrice* dans son sens ancien, Bernard Thomas, dans *Le Canard enchaîné*, ruse : « *Mais voilà que notre châtelaine, piquée que sa sœur s'apprête à devenir femme d'ambassadeur...* » (8/10/08). Ce dernier exemple tend à prouver que le sens du mot est en train de changer, ce qui

1. Groupe de mots formant une unité indissociable.

l'oblige à cette précision. Et *l'ambassadrice* pourrait bien rejoindre *l'étudiante*, qui ne fut longtemps que la petite amie de l'étudiant avant de se transformer, à la fin du XIXe siècle, en une studieuse jeune fille.

Le mot *chef* devrait devenir au féminin, si l'on se réfère à *veuf* ou à *serf*, *chève*… Il n'en est rien et le chef en jupons se transforme en *une chef*, *une cheffe* et parfois en *cheftaine* (emprunté à l'anglais) par dérision, ou si l'on veut vraiment être méchant en *chéfesse* (si dans *écrivaine* il y a *vaine*, dans *chéfesse* il y a…). *L'Humanité* choisit le plus simple et présente, en une, Tzipi Livni comme « ***la chef** de la diplomatie israélienne* » (2/1/09). Dans *Le Canard enchaîné*, la féminisation est plus nette. On lit au sujet d'un facteur syndicaliste qui a des ennuis avec sa hiérarchie : « ***Une cheffe** lui bloque le passage et lui interdit d'entrer* » (8/10/08). Saphia Azzeddine, dans son roman *Confidences à Allah*, choisit aussi cette forme quand son héroïne décrit l'une de ses compagnes de prison : « *La méchante elle est grosse, elle s'appelle Hafida et c'est la **cheffe**, forcément.* » La forme féminisée ne se distingue pas à l'oral du masculin. Ce n'est pas le cas de *cheftaine* qu'a employé *Le Monde*, titrant un portrait de Michèle Alliot-Marie « *La Cheftaine* », appellation très scout, qui trouve son explication dans le chapeau de l'article : « *Longtemps traitée avec dérision dans son propre parti, la ministre de la défense s'efforce de s'imposer dans un univers masculin.* » On peut penser que le journal n'est pas à l'origine du surnom de la ministre (les guillemets nous mettent sur cette voie), mais bien les mâles de son propre parti…

Les titres honorifiques se féminiseront-ils également ? C'est ce que pense Benoîte Groult, qui raconte l'anecdote suivante à la dessinatrice Catel : « *Mitterrand, au nom du féminisme, m'a nommée "chevalier de la légion d'honneur". Mais en me donnant l'accolade, il a murmuré : "J'ai pas pu dire chevalière, j'ai pas pu !" "Chevalier", c'est ridicule ! Il était d'une autre génération...* » (*Libération*, 28/6/08). Elle est peut-être un peu trop optimiste...

« Y a les emmerderesses »

Les formes féminines en *-eresse* sont la marque du XVIe siècle et la langue contemporaine garde le souvenir de ces *charmeresses*, *enchanteresses* et autres *pécheresses*. Le langage juridique, qu'on sait fort conservateur, emploie toujours les formes *défenderesse*, *venderesse*, *bailleresse*. *Chasseresse*, qui s'est maintenu dans l'expression *Diane chasseresse*, a été remis au goût du jour en 2008 grâce à Sarah Palin, candidate républicaine à la vice-présidence des États-Unis. *Le Canard enchaîné* l'a décrite comme une « *grande **chasseresse** de caribous* » (8/10/08). Et *Libération* dressa ainsi le portrait de cette « *matrone phallique* » : « *Convaincue que la guerre en Irak est juste "par la volonté de Dieu", partisane farouche du port d'armes, la **chasseresse** réputée y envoie joyeusement son fils* » (25/9/08).

Le Monde, pour sa part, a titré un article consacré à une chanteuse de rock : « *Claire Diterzi, **chasseresse** au long cours* » (il faut dire que l'album qu'elle venait de sortir s'intitulait *Tableau de chasse...*). On sent toujours l'ironie ou tout au moins l'amusement dans l'emploi de cette forme archaïque. Par contre, la connotation péjorative est parfaitement assumée par un internaute qui, avec un sexisme non voilé, qualifie certaines femmes de *ministresses*, ou par Brassens, qui inventa, dans *Misogynie à part*, l'*emmerderesse*, stade suprême qu'on atteint au terme d'une savante gradation :

[...] Il y a les emmerdantes, on en trouve à foison
En foule, elles se pressent.
Il y a les emmerdeuses, un peu plus raffinées,
Et puis, très nettement au-dessus du panier,
Y a les emmerderesses.

Ils deviennent épicènes

On a pu lire sur *Nouvelobs.com* (12/10/08) : « *Le décret d'extradition vers l'Italie de l'****ancienne*** *membre des Brigades rouges a été abrogé pour des raisons humanitaires, confirme la présidence de la République.* » Il s'agit bien d'une femme, Marina Petrella, mais est-ce une raison pour féminiser *membre*, qui s'y prête d'ailleurs assez bien avec sa terminaison en *e* ? Ne doit-on pas voir dans cette pratique une sorte d'anglicisation larvée ? Nos voisins espagnols rencontrent apparemment les mêmes problèmes : Bernard Cohen, qui tient le blog *Found in Translation*, nous fait part de la revendication d'une ministre du gouvernement Zapatero, Bibaina Aido, dans une note intitulée « *Estimée membrette du gouvernement* ». Cette dernière a demandé à ce que *miembra* (forme féminisée de *miembro*, membre) soit acceptée par le *Diccionario de la lengua española* de la Real Academia (le royal équivalent de notre Académie française). Voici ce qu'il écrit : « *Philologiquement parlant, si j'ose dire, on ne voit pas pourquoi* miembra *ne finirait pas par s'imposer. Si ce n'est que le mot n'est pas très harmonieux* [?], *pas plus que* membrette *le serait en français.* » Est-ce parce que ce membre est chargé d'un sens éminemment masculin – ce que signale d'ailleurs Bernard Cohen, ajoutant « *de là à voir une envie de pénis refoulée* *dans la diatribe de la ministre, il n'y a qu'un pas»* – que sa féminisation passe mal ? Et pourquoi Bernard Cohen rabaisse-t-il avec le suffixe *-ette, la membre* en devenir ? Pour aimer la langue, on n'en reste pas moins homme...

Nous avons également rencontré *une déserteur* dans un article sur la Colombie : *« Botero, connu pour ses bons contacts directs avec les Farc, tient ses informations d'**une** déserteur bien **réelle** de la guérilla »* (*Libération*, 5/1/08). Et dans *Le Monde* (*« Itinéraire d'un trader presque ordinaire »*), une citation se terminait par : *« raconte **une** agent **immobilière voisine** de son domicile »* (29/1/08). Toujours dans *Le Monde*, un petit titre nous apprend que *« Les talibans ont libéré deux otages **sud-coréennes** »* (13/8/07).

Cette tendance à rendre épicènes des noms masculins, qui permet d'éviter une forme féminine difficile à créer (pour *témoin*, par exemple) ou pas encore acceptée (*agente*, pourtant dans le Petit Larousse), a largement pénétré dans la presse. Richard B., qui intervient dans le courrier des lecteurs du *Figaro Magazine*, s'en offusque, avec une certaine exagération : *« Il serait agréable que les gens des médias cessent de martyriser la langue française. Les femmes écrivains sont déjà devenues des écrivaines, ce qui agresse d'ailleurs l'oreille. Faut-il qu'une femme puisse devenir une témoine, une plantonne, une marine, une fantassine* [...] *? Cessons d'amalgamer le sexe et le genre. Il existe des girafes mâles et des hérons femelles »* (1/3/08). Un autre argument, toujours en défaveur de la féminisation et de l'« épicénisation », vient de ces quelques mots féminins qui désignent presque uniquement des hommes – la fameuse *sentinelle* – et de ceux qui désignent aussi bien hommes et femmes : *la recrue, la personne, la créature, la victime, la canaille, la vedette*... La liste en est courte, comparée à celle qu'on pourrait dresser des mots masculins applicables aux femmes.

Surféminisation

On en fait parfois trop en matière de féminisation. Ainsi, cette brève sur Aung San Suu Kyi parue sur *Le Monde.fr* : « *Assignée à résidence, la dirigeante de l'opposition birmane,* ***seule lauréate*** *du prix Nobel de la paix à être* ***privée*** *de liberté, fêtait ses 63 ans...* » (20/6/08). Cette *lauréate* nous semble ambiguë : les lauréats du prix Nobel étant des deux sexes, Aung San Suu Kyi aurait dû être « *le seul lauréat* » (masculin générique). Mais on voit bien aussi que l'accord des adjectifs *seul* et *privé* au masculin aurait créé un malaise linguistique (rien de grave, docteur). Un écueil à éviter, pour paraphraser Malherbe.

Autre cas délicat et qui, cette fois, a trait à l'évolution de notre société. Dans un article intitulé « *L'UMP veut concéder des droits aux parents gays* », Emmanuelle Ott, qui vit en couple avec une femme, et élève avec elle l'enfant de cette dernière, déclarait : « *À la crèche ou à l'école, nous sommes toutes les deux reconnues comme les* ***parentes*** *de Thelma* » (6/9/06). *Parentes* nous a étonnés : le mot, qui évoquait pour nous les vieilles dames de la famille, a été ici employé comme féminin de son équivalent masculin *parents* (les père et mère), mais il ne peut pourtant désigner les deux femmes qui s'occupent de Thelma. Elles ne sont pas les *parents* de l'enfant, au sens strict du terme. Le mot qui rendra compte de ce lien est encore à inventer.

La nomination d'une femme à une place prestigieuse est moins nouvelle, mais le remplacement de Patrick Poivre d'Arvor par Laurence Ferrari pour animer le journal de 20 heures sur TF1 a fait beaucoup de bruit en 2008. Dans un entretien au *Monde*, la journaliste a cru bon d'expliquer : « *Je suis là parce que je suis une bonne journaliste, et journaliste, c'est féminin et masculin* » (26/8/08). Le mot est en effet épicène, mais Laurence voulait certainement faire passer un autre message, supra-linguistique : que le fait d'être une femme ne la rendait pas moins capable qu'un confrère.

On peut aussi rencontrer une surféminisation assumée comme dans cet article de Pierre Jourde qui, critiquant *Le Marché des amants*, en présente l'auteure, Christine Angot, comme « *une femme écrivaine. Une femme femme* » (*Technikart*, 22/9/08). On l'aura compris, Pierre Jourde n'aime pas beaucoup Christine Angot, ni l'écrivaine ni la femme, qui étale dans ce livre sa vie amoureuse avec un chanteur connu. Mais là nous quittons le domaine de la féminisation pour celui du style...

La fin du tout-masculin

Certains mots, on l'a vu, font de la résistance, et cela pour des raisons le plus souvent lexicales, mais aussi pour des raisons beaucoup plus subjectives que traduisent les mots employés par les internautes : mot « horrible », qui « choque à l'oreille »... La féminisation se cherche, elle en est encore à sa période d'essai et bien des formes sont attestées, qui cohabitent sans s'imposer. Les dictionnaires ont enregistré depuis une vingtaine d'années de nombreuses formes, sans faire pour autant autorité ; la presse dans son ensemble utilise de plus en plus de féminins et ils sont largement repris dans la langue parlée. Il semble impossible que le retour au tout-masculin, qui semble le désir de certains, ait lieu. Les évolutions sont en effet sensibles à la fois à l'écrit et à l'oral.

La langue est en train de changer comme elle l'a toujours fait, de s'adapter, de répondre à de nouveaux besoins et celui de différencier sexe et genre n'est pas une lubie de féministes mais une tendance réelle de la langue. Pourtant, quand on songe que certains féminins était préconisés dès les années 1920 par Ferdinand Brunot et qu'ils suscitent encore des oppositions – les arguments employés n'ayant pas varié d'un pouce en un siècle –, on peut penser qu'avant de trancher l'usage va encore hésiter longtemps et que les lecteurs vont encore envoyer des courriels ulcérés (ce sont les anti qui écrivent le plus !). Qu'en sera-t-il dans un siècle ? Rira-t-on de ces masculins étranges donnés aux femmes ou discutera-t-on encore de savoir si une femme est *une* ou *un* ministre ?

En bref
LA FÉMINISATION

- *L'accession, au cours du XXe siècle, du « deuxième sexe » à des postes longtemps réservés aux hommes a entraîné la féminisation du vocabulaire des métiers et fonctions. Sous l'impulsion de féministes, l'État est intervenu, à partir de 1984, pour hâter ce processus.*
- *Cette féminisation s'effectue comme « à tâtons », avec des avancées et des reculs, et se heurte à des résistances sociales et psychologiques, mais aussi, pour certains mots, à leur structure ou à leur étymologie.*
- *La presse et l'édition, dans leur ensemble, féminisent depuis une vingtaine d'années, mais les formes choisies ne sont pas unifiées : on trouvera* une chef *ou* une cheffe, une auteur *ou* une auteure, une gouverneuse *ou* une gouverneure.

1. Un académicien a contesté dans les années 1970, « *au nom du rituel* », le fait que des femmes puissent entrer à l'Académie française. De qui s'agit-il ?

2. Ces féminins vous paraissent-ils recevables ?
Autrice, doctrice, partisante, peintresse, professeuse, successrice.

Réponses aux pages 179 et 180.

SINGULIER, PLURIEL

Un moutonne, des moutonsse

Dans la dictée mémorable par laquelle s'ouvre *Topaze*, de Marcel Pagnol, le maître d'école (Fernandel, dans la version filmée), voulant aider son jeune élève qui sue sang et eau à son pupitre, transforme des *moutons* en *moutonsse*, sonorisant le *s* final, normalement inaudible. Cette lettre, indicatrice du pluriel, ne se prononce pas – en tout cas plus depuis le XVIIe siècle –, tout comme ne se prononce pas la désinence *ent* du verbe *être* à la troisième personne du pluriel de l'imparfait : Topaze doit encore une fois ruser pour aiguiller son élève sur l'orthographe d'« *étaient* », qui se transforme dans sa bouche en « *étai-eunnt* ».

En français, l'écrit accumule ces marques silencieuses : « *J'ai pourtant vu nombre de sots qui n'avaient et ne connaissaient point d'autres mérites dans le monde, que celui d'être nés nobles* », peut-on lire dans le *Paysan parvenu* de Marivaux. Aucun des sept pluriels de cette phrase n'est sensible à l'oral. Seul l'adjectif indéfini *nombre de* indique et appelle le pluriel [1]. Ainsi notre pluriel offre-t-il un

1. Ce sont surtout les déterminants (articles, possessifs, démonstratifs) qui permettent de repérer le pluriel à l'oral, mais aussi les liaisons (*amours-zenfantines*), avec cette particularité que la marque du pluriel se retrouve en début de mot.

beau paradoxe : particulièrement discret à l'oral, mais « pléonastique » à l'écrit, selon le terme des grammairiens.

Le pluriel a aussi une nette tendance hégémonique, et s'impose bien souvent dans les cas où le scripteur a le choix entre singulier et pluriel. Rapportant les méfaits d'un skinhead dans un *drive-in* aux États-Unis, *Le Monde* précise : « *Il a ouvert le feu sans faire de* ***victimes*** » (27/6/07). Le sens réel étant *il n'a fait aucune victime*, le pluriel ne fait que renforcer, et dramatiser, les éventuelles conséquences de l'acte en question.

Parfois l'esprit renâcle devant ces marques redondantes, comme dans ce courriel d'un lecteur du *Monde*, Philippe, qui réagit à un article sur la Sécurité sociale : « *Comme d'hab', les patients seront moins remboursés et les médecins doublement* ***augmenté****, à la fois sur* ***leur*** *honoraires conventionnels et sur* ***leur*** *dépassements d'****honoraire****.* » (11/9/08) Quatre fautes d'accord dans une seule phrase, dont on ne sait s'il faut les imputer à la négligence ou à l'ignorance. Michel Fayol, linguiste, a d'ailleurs repéré les problèmes d'accord en nombre – et en genre – comme une des « *zones de fragilité* » orthographique.

Les commentaires de lecteurs, publiés depuis peu par les sites Internet des journaux, livrés en général « dans leur jus », sans correction, pas même typographique, présentent l'intérêt de montrer l'orthographe « naturelle » de ceux qui font l'effort de prendre la plume, mais oublient trop souvent de se relire. Peut-être Philippe a-t-il subi l'influence d'autres idiomes qui procèdent différemment du nôtre ? En effet, beaucoup de langues sont plus économes dans ce domaine. Le hongrois ou le turc se dispensent de mettre la marque du pluriel (l'affixe *k* pour le premier, *ler* pour le second) à un substantif précédé d'un nombre, car ils estiment que celui-ci est bien suffisant pour indiquer la pluralité. Ce qui donnerait en français, si l'on appliquait ce principe : *il y a* ***trois vache*** *dans le pré.* L'indonésien, aux antipodes du français, marque le nombre en redoublant les mots : *anak* signifiant *enfant, anak-anak* signifiera *des enfants.* Mais il abandonne ce redoublement si un nombre ou le contexte indiquent déjà la pluralité : nous aurions ainsi ***des enfant-enfant***, mais ***trois enfant***.

Peu de duel dans l'*Iliade*

Notre lecteur du *Monde* peut cependant s'estimer heureux, car le français n'utilise ni le *duel* ni le *triel*, nombres grammaticaux s'appliquant au double ou au triple et affectant noms et verbes, et qui, dans certaines langues, sont venus – ou viennent encore – s'intercaler entre le singulier et le pluriel, ce dernier ne commençant alors qu'à partir de trois ou quatre.

Le duel, qui s'applique surtout aux paires, sans doute sur le modèle du corps humain, où les doubles organes sont légion, subsiste par exemple en slovène ou en arabe littéraire, mais c'est une forme en déclin. Le duel était déjà supplanté par le pluriel dans le poème d'Homère, l'*Iliade*, première œuvre littéraire en grec. Et il n'est que résiduel dans les plus anciens textes latins. Nous donnerons un petit frisson au lecteur en lui apprenant que le mot arabe d'origine persane *taliban* est une forme duelle, du singulier *taleb* ou *talib*, qu'on a préférée au véritable pluriel *tullab*. Et nous lui soumettrons cette bizarrerie : le duel, dans son sens non grammatical de « lutte entre deux adversaires », est curieusement appelé combat *singulier*…

Pour exprimer le nombre et distinguer l'unique de la pluralité, nous utilisons des mots que les Romains employaient déjà : *pluralis* (*composé de plusieurs*, puis *pluriel*) et *singularis* (*unique, solitaire*, puis *singulier*) se trouvent déjà sous le stylet des grammairiens romains Quintilien et Varron. En latin comme en français, le premier n'a qu'un emploi grammatical et peu chargé d'affect (si l'on excepte l'adjectivation récente de *pluriel* en français dans un sens surtout politique), alors que le second est plus polysémique et a aussi le sens positif de *rare, extraordinaire*, voire *étrange*.

Le *s* n'était pas le propre du pluriel en latin, puisqu'il apparaissait en fin de désinence à la fois au nominatif singulier (sujet) et à l'accusatif pluriel (complément d'objet direct) dans la majorité des déclinaisons. L'ancien français, héritant du système latin, a conservé des déclinaisons simplifiées à deux cas – le *sujet* et le *régime* (complément) – ce qui, pour le même mot, pouvait donner jusqu'à quatre formes différentes. Le moyen français n'a gardé que le cas régime, dont le pluriel se caractérisait par une finale en *s* et c'est ainsi que ce *s* est devenu le signe de reconnaissance du pluriel tout court.

Où passe la frontière ?

On emploie le singulier « *quand on désigne un seul être ou une seule chose* », dit *Le Bon Usage*, et le pluriel pour « *plus d'un être ou plus d'une chose* » : est-ce à dire que « 1,5 » va prendre la marque du pluriel ? Non. Par convention, on considère que le pluriel commence à 2 tout plein, et on écrira donc *1,99 million d'âmes* pour la population d'une ville, même si la différence entre 1,99 et 2 paraît bien ténue. C'est là que passe la frontière. La tendance est pourtant très forte dans la presse de mettre le pluriel dès que l'on dépasse l'unité, et notamment pour les sommes d'argent. Comme dans ce titre de *L'Humanité* à l'occasion d'une « prime de départ » d'un dirigeant de l'organisation patronale UIMM : « *Denis Gauthier-Sauvagnac : une prime de 1,5* ***millions*** *d'euros ? !* » (3/3/08). La faute n'était d'ailleurs pas répétée dans le corps de l'article.

Les démographes sont plus respectueux de la règle : quand le taux de fécondité par femme dans un pays n'atteint que 1,8 – en dessous du seuil de renouvellement des générations –, ils ne vont pas jusqu'à écrire que chaque mère donne naissance à *1,8 *enfants* ! De même, si ce taux n'est que de 0,7, ils écriront *0,7 enfant*... Considérant que l'on dira aussi *zéro défaut*, on peut en inférer que le singulier étend son domaine de zéro jusqu'aux abords de deux. Mais ce n'est pas aussi simple et une marque agroalimentaire connue a pu mettre récemment sur le marché une boisson « *avec zéro* ***sucres*** » ! Les deux catégories du nombre, loin d'être étanches, s'interpénètrent, et l'esprit cartésien devra admettre que le pluriel n'indique pas forcément la pluralité (il n'y a rien de spécifiquement pluriel dans l'idée des *funérailles*) ; qu'un singulier peut suggérer le grand nombre (un *essaim*) et qu'un mot peut avoir exactement le même sens au singulier qu'au pluriel (*moustache-s*).

Bientôt la vacance !

Si l'on excepte les mots qui désignent ce qui n'est pas nombrable – ou comptable –, comme les points cardinaux, les matières (*or*, *cuivre*...), les verbes substantivés, comme *le boire, le manger*, certaines notions abstraites, comme *la tolérance*, des sciences comme *la physique*, et qui de ce fait ne se rencontrent qu'au singulier, la grande majorité des substantifs est comptable et prend donc la marque du nombre. Ce qui fait en théorie deux « livrées » (un terme de notre cru que nous offrons à la communauté des grammairiens) pour chaque nom. Conservent la même livrée au singulier et au pluriel les mots terminés par *s*, *x* ou *z*. Dans ce cas, seuls les déterminants ou le verbe nous renseignent sur le nombre : les ***permis*** perdent leurs points, le motard met les ***gaz*** et les ***perdrix*** s'envolent. Parfois, seule la prononciation permet de reconnaître le singulier du pluriel : *un* ***os*** [*osse*], *des* ***os*** [*o*].

Quelques mots se paient le luxe d'avoir deux pluriels, comme *aulx*/*ails*, *cieux*/*ciels* ou *yeux*/*œils* [1]. D'autres, plus nombreux, se rencontrent surtout sous leur forme plurielle, comme *ténèbres*, *frasques* ou *fringues*. Leur singulier est possible, mais peu usité.

Certains mots changent de sens en passant du singulier au pluriel : ainsi *vacance* et *vacances*. La première est en quelque sorte privée de pluriel (on aura du mal à dire ***les vacances*** *du pouvoir*) et les secondes, de singulier (*idem* pour ***la vacance*** *de Noël*). Si l'on s'emmêle les pinceaux entre les deux nombres, cela peut donner une jolie confusion, comme celle-ci, relevée dans *Le Monde*. Un prof déclare, lors de la campagne présidentielle de 2007 : *« On a*

1. Le pluriel *ails*, employé par les botanistes pour cette plante à bulbe, a tendance à supplanter le pluriel classique *aulx*. Le pluriel littéraire de *ciel* est *cieux* (voûte céleste, séjour des dieux) ; *ciels* s'emploie dans les autres acceptions (*ciels de lit, ciels d'un peintre, ciels nuageux*...). *Œil* n'abandonne son pluriel *yeux* pour *œils* que dans les noms composés (des *œils-de-bœuf*) et dans le vocabulaire technique (les *œils* des caractères d'imprimerie).

vu la gauche plurielle à l'œuvre. Cela devient compliqué de lui accorder beaucoup de crédit» (2/07). Cette phrase, reprise en « accroche » sur la même page, a changé de sens car une main étourdie a ajouté un *s* à *crédit* ! Posent également de redoutables problèmes certains mots polysémiques dont le pluriel ne convient pas à tous les sens : ainsi de *travail* dans le sens d'*emploi*, dont le pluriel ne peut absolument pas être *travaux*. Il semble que *travails* soit en train de faire son chemin, bien qu'il n'ait pas encore reçu l'onction des dictionnaires.

Les mots pluriels désignant des objets constitués de deux parties semblables, comme *ciseaux* ou *lunettes*, sont dans une bien étrange situation car privés de singulier pour deux raisons : ils sont intrinsèquement pluriels (ou, au moins, *duels*), et leur singulier possible est déjà pris par un autre objet (*le ciseau à bois, la lunette astronomique*). On ne peut sortir de cette ornière qu'en utilisant la périphrase *une paire de*. Peut-être pourrait-on procéder comme au Moyen Âge, qui, pour évoquer un seul exemplaire d'un objet dont le nom était au pluriel, mettait l'article *un* au pluriel : on écrirait alors *unes lunettes* ou *uns ciseaux*, sans accorder le verbe.

Dans les zones tribales de la grammaire

Le pluriel des noms composés est un des domaines les plus difficiles et disputés de la langue française, où une chatte, même grammairienne, ne retrouverait pas ses petits. « *Un champ de bataille couvert de morts sur lequel la nuit n'est pas encore tombée* », écrit Roland Eluerd (*Grammaire descriptive de la langue française*). L'anarchie qui y règne laisse une certaine liberté à l'écrivant, au moins celle de suivre tel dictionnaire plutôt que tel autre. Car ces ouvrages, la plupart du temps cohérents entre eux, offrent de nombreuses disparités dans ce domaine miné. Le Petit Larousse et le Petit Robert divergent sur une foule de pluriels, ceux de *soutien-gorge*, de *lance-pierre* ou de *casse-cou*, par exemple. Le plus souvent, il faut choisir entre deux solutions. Tous les noms composés commençant par *lance, tire, pousse, serre, porte, pèse, protège, garde, casse*… (lesquels sont des verbes à la troisième personne du singulier) propulsent, supportent ou brisent des choses qui sont elles-mêmes nombrables. Comment ne pas en tenir compte dans leur orthographe ? Une des solutions retenues est l'ablation du *s* ou du *x*, qui est alors réservé au pluriel : le Petit Robert 2009 l'applique à *sèche-cheveu* – ce qui permet, certes, de dégager le pluriel *sèche-cheveux*, mais au prix d'une contorsion assez peu satisfaisante – mais pas à *casse-couilles*, le privant d'une forme plurielle spécifique.

Garde-côte est à lui seul un chef-d'œuvre de complexité, et même de casuistique : pour distinguer le navire de son équipage, le premier fera *garde-côtes* au pluriel et le second *gardes-côtes*. Cette dernière solution étant en contradiction avec la grammaire puisque *garde*, ici, n'est pas un substantif, mais un verbe. La logique voudrait également, et *Le Bon Usage* ne se prive pas de le souligner, que l'on mît un *t* au *soutien* de *soutien-gorge*, déjà évoqué, car il s'agit ici du verbe *soutenir*. Mais revenons à nos moutonsse.

Les noms composés ne commencent pas tous par un verbe : *point-virgule* est un cas facile car ses deux éléments, mis sur le même plan, prennent en toute logique la marque du pluriel (des *points-virgules*). Tout change quand l'un des deux est subordonné à l'autre : comme dans *serviette-éponge*. Thomas, un lecteur du *Monde*, s'était interrogé sur le pluriel de ce mot et, n'ayant pas trouvé de réponse satisfaisante dans les dictionnaires ni sur Internet, il menaçait de «*jeter l'éponge*». Le second terme de ce mot étant le complément du premier (pour *en éponge*), nous lui avons suggéré de n'accorder que le premier: *serviettes-éponge,* ce que conseille également le Petit Robert, sans lier les deux mots par un trait d'union... Mais le Petit Larousse, lui, propose *serviettes-éponges*. C'est peut-être ce qui a inspiré Frédéric, qui, apportant son témoignage sur l'ANPE, a forgé un mot composé dont il a accordé les deux termes: «*Cependant* **les indemnités chômages** [étaient] *trop faibles pour que je puisse en vivre*» (*Le Monde.fr*, 31/10/08)...

Qui s'aventure dans le maquis des noms composés, dans ces «zones tribales» de la grammaire où les dictionnaires ne parviennent plus à jouer leur rôle habituel de juge de paix, doit abandonner tout espoir de réponses claires.

Les mots importés d'autres langues prennent généralement le *s* du pluriel: c'est la preuve de leur intégration réussie, de leur «digestion» par le français, même si c'est sous leur forme plurielle qu'ils ont été accueillis dans notre vocabulaire, comme *media, confetti, fedayin* ou *séraphin*. Quand l'arrivée est relativement récente, comme pour *taliban*, les médias hésitent. *L'Humanité,* par exemple, ne fait varier ce mot ni en nombre ni en genre. S'obstiner à mettre le pluriel d'origine à un mot intégré sous sa forme au singulier relève surtout de la pédanterie, comme pour *scenarii* ou *barmen*, qui viennent parfois concurrencer *scénarios* ou *barmans*. L'adjonction d'un accent est aussi la marque de la francisation. Il semblerait néanmoins que le français assimile moins qu'avant les nouveaux termes, et que ceux-ci restent plus longtemps dans leur «emballage d'origine», comme le mot allemand *Land* (État) qui garde son pluriel autochtone *Länder*, les mots anglais *sandwich* ou *match*, qui se rencontrent encore avec leur pluriel en *es*.

Processus identique pour les « apocopes », ces mots qui ont perdu une ou plusieurs syllabes finales, comme *ciné, stylo, pro*. L'adjonction du *s* pluriel à leur nouvelle fin est la marque de leur acceptation. Même chose pour les mots issus du verlan, comme *meuf-s* (pour femme-s) ou *rebeu-s* (pour arabe-s), et les anciens acronymes, comme *smic-s*, sans oublier les « aphérèses » (mots résultant de l'ablation d'une ou plusieurs syllabes du début), qui gardent leur « ancien » pluriel : « *T'as vu les leurs* [contrôleurs], *cousin ?* » demande un usager de la RATP (*Le Nouvel Observateur*, 12/4/07).

En un accord douteux

Les adjectifs s'accordent non seulement en nombre mais aussi en genre, pouvant ainsi revêtir jusqu'à quatre livrées différentes. Mais une partie notable d'entre eux reste invariable : ce sont les adjectifs de couleur qui sont aussi noms communs ; des révolutions *orange*, des tissus *marron*, des rideaux *pervenche*. Sont invariables également les groupes adjectivaux de couleur : des pulls *bleu marine*, des eaux *vert foncé*. Le cas le plus ardu – et nous irons jusqu'à dire « casse-gueule » – est celui de l'accord de deux adjectifs de couleur coordonnés par « et » qualifiant un nom au pluriel : en mai 68, les manifestations étaient-elles hérissées de drapeaux *rouge et noir* ou de drapeaux *rouges et noirs* ? Les deux sont possibles, mais ils ne décrivent pas la même réalité : dans le premier cas, il n'y a qu'un seul type d'étendard, à la fois rouge et noir, et dans l'autre, il y en a qui sont rouges et d'autres noirs.

On peut corser la difficulté avec des drapeaux *rouges et noir,* ce qui signifie qu'il n'y avait qu'une seule bannière noire parmi les rouges brandies par les manifestants. Ce dernier exemple d'accord « distributif », selon la terminologie des grammairiens, montre que des adjectifs qualifiant un nom au pluriel ne sont pas forcément eux-mêmes au pluriel, car ils peuvent ne se rapporter qu'à une part seulement de ce que ce nom recouvre. Ce que maints lecteurs n'arrivent pas à admettre. Gérard, qui vit au Québec, nous a soumis cette question qui le « *turlupine* » sur des « *accords douteux* » : « *On parle beaucoup, ici, "des gouvernements fédéral et provinciaux". Ne faudrait-il pas dire, n'en déplaise aux paresseux, "le gouvernement fédéral et les gouvernements provinciaux" ?* » Non seulement cet accord est grammatical, mais encore nous y voyons l'occasion de ne pas répéter un nom. Loin d'être un signe de paresse, il force même à une petite réflexion bénéfique au rédacteur comme au lecteur, mais attention au faux pas quand un tel cas se présente. Sur le site d'information Mediapart, à propos d'un médiateur qui cherchait à obtenir la libération de prisonniers des Farc, en Colombie, on a ainsi pu lire : « *Il était en contact étroit avec la France et les gouvernements* ***équatoriens*** *et* ***vénézuéliens*** » (4/7/08). Si l'on excepte les « cabinets fantômes », il n'y a qu'un seul gouvernement officiel par pays, et chaque adjectif aurait dû rester au singulier. Accorder au pluriel des adjectifs qualifiant un substantif au pluriel est devenu une sorte d'automatisme, qui peut être fautif, comme dans l'exemple précédent, ou en tout cas fatal à beaucoup de subtilités.

En présence de plusieurs mots au singulier, faut-il obligatoirement accorder au pluriel leurs éventuels adjectifs communs ? Ce cas est évoqué au XVIIIe siècle dans sa *Grammaire* par l'abbé de

Condillac, qui y répond d'une manière surprenante : « *Quand deux substantifs ont une signification fort approchante, on emploie volontiers l'adjectif au singulier : une force et une fermeté admirable...* » Cette façon de procéder (que l'auteur présente seulement comme une possibilité) serait difficilement admise aujourd'hui (et nous-mêmes la corrigerions sans doute, ne serait-ce que pour échapper à l'accusation infamante d'avoir laissé passer une « coquille »). Vaugelas acceptait cet usage pour les adjectifs, mais pas pour les verbes : « *Deux substantifs différens demandent le pluriel au verbe qui les suit...* » Cela paraît couler de source aujourd'hui, mais ce n'était pas une évidence à son époque (le XVIIe siècle), la tradition venue du Moyen Âge préférant ce que *Le Bon Usage* appelle l'« *accord avec le donneur le plus proche* » (en clair, l'accord du verbe avec le dernier d'une suite de sujets). Ce tour est encore fréquent chez les auteurs classiques. Ainsi Racine, dans *Phèdre* : « *Mon repos, mon bonheur, semblait être affermi.* » Et Gide, dans son *Journal*, en 1934, écrivait, en citant deux alexandrins de l'*Iphigénie* de Racine :

> *Le besoin d'accorder un verbe avec une énumération de sujets n'est pas plus impérieux pour Racine que je ne le sens en moi-même. Admirables exemples :*
> *... Mais le fer, le bandeau, la flamme est toute prête.*
> *... Que ma foi, mon amour, mon honneur y consente.*

Nous décelons quelques échos de cette tradition dans cette phrase d'Ingmar Bergman rapportée par *Le Monde* : « *Je crois que la femme a été créée en premier. Ses attitudes, ses réactions, son comportement, sa psychologie me* ***fascine****, m'****émeut****, me* ***stimule*** » (1/8/07), ou dans cette tribune du *Monde*, où un élu écolo de Paris dénonce des menées socialistes anti-Verts à la municipalité : « *Recruter, faire le ménage dans* *les rangs écologistes et s'approprier leurs actions et leur programme* ***semble*** *être leur unique volonté, leur seul point de vue* » (13/9/07). Dans ces deux citations, l'emploi du singulier pour les verbes est manifestement voulu et ne paraît pas résulter d'une bourde. Il s'agit là de cas rares, au parfum un peu « intello », qui renouent avec la belle liberté de la syntaxe classique. Ce choix d'un sujet unique (le dernier terme de l'énumération), avec un verbe au singulier, ne contrevient pas à la règle générale de l'accord sujet-verbe.

Mais il n'est pas certain que cette dernière règle soit toujours bien assimilée, comme en témoigne ce courriel envoyé par un lecteur, François, qui a cru déceler une faute d'accord dans *Le Monde* : « *"Trop tard, les filles pressentent que la réalité et les tentations qu'elle offre prennent chez moi le pas sur la fiction." Un singulier pour le verbe* offrir *? Curieux, non ?* » (25/7/07). Pas vraiment, si l'on se pose la question : qu'est-ce qui offre des tentations ? Mais il semble bien, au vu des nombreux cas relevés dans la presse, qu'une propension existe à l'accord du verbe avec le substantif le plus proche, souvent un complément d'objet direct, ou de nom, par une sorte d'attraction de proximité, comme si l'accord du verbe avec le sujet n'était plus qu'une possibilité parmi d'autres. Ainsi, notre lecteur aurait volontiers accordé *offre* avec *tentations*, si nous comprenons bien sa démarche.

Ces accords « de proximité » éclosent parfois dans les journaux, et il est permis de penser que, si les correcteurs ne veillaient pas au grain, on en découvrirait dix fois plus. Comme dans ces superbes titres du *Monde* : « *Le gouvernement israélien* ***lancent*** *des initiatives diplomatiques régionales...* » (22/6/08) et « *Automobile : le prix des pièces détachées* ***flambent*** » (12/4/08). Tout le monde est touché, et *Libération* n'y échappe pas, qui fait dire au responsable CGT des cheminots : *« Il n'y a pas que la réforme des retraites qui nous* ***inté-ressent*** » (12/11/07). Les journalistes ne sont pas les seuls affectés. Voici un commentaire sur le blog *Langue sauce piquante* : *« Je vis avec une personne dont le français n'est pas la langue maternelle. Mais chacune de ses fautes me* ***ravient*** *par* ***leur*** *inventivité et* ***leur*** *fraîcheur* » (18/8/08). Notre « posteur » aggrave son cas puisqu'il invente son propre pluriel du verbe *ravir* : *ravient* pour *ravissent*. Ou une réaction à un papier du *Monde* sur des mesures concernant les HLM : *« Faire contribuer les plus aisés pour aider les plus démunis* ***sem-blent*** *aller dans le bon sens* » (30/7/08). Où l'on constate, une fois encore, que le pluriel sort de sa réserve et que tous ces accords baroques se font aux dépens du singulier.

L'édit de Nantes de la grammaire

Dans le fameux « arrêté Haby » de 1976 (du nom d'un ministre de l'Éducation bien oublié) *« relatif aux tolérances grammaticales ou orthographiques »* dans les examens ou concours, sur les quarante rubriques, près des trois quarts concernent des cas litigieux d'usage du nombre et donnent le choix d'utiliser indifféremment le singulier ou le pluriel, tout en rappelant que tolérance n'est pas absolution, et qu'il convient, hors examens et concours, de continuer à se conformer à « l'usage » (en fait, à la norme grammaticale). Une position mi-chèvre mi-chou, et même un peu jésuite. La troisième rubrique est ainsi libellée : *« Accord du verbe précédé de plusieurs sujets à la troisième personne du singulier unis par* comme, ainsi que *et autres locutions d'emploi équivalent* », et donne le double exemple suivant :

Le père comme le fils mangeaient de bon appétit.
Le père comme le fils mangeait de bon appétit.

Il y est précisé : « *L'usage admet, selon l'intention, l'accord au pluriel ou au singulier. On admettra l'un et l'autre accord dans tous les cas.* »

Nous conseillons vivement la lecture de cet arrêté, et de se pénétrer de ses recommandations (qui reviennent, en fin de compte, à ouvrir grandes les vannes du pluriel), tout en retenant bien que le rédacteur garde, en fonction de ce qu'il veut dire exactement, la liberté du choix : au pluriel, l'exemple se comprend comme : « Voyez le père et le fils, comme ils mangent bien » et au singulier : « Voyez le père, il mange aussi bien que son fils. » Une subtilité qu'il serait dommage de perdre.

Cet arrêté est un peu, toutes proportions gardées, l'édit de Nantes de la grammaire (l'édit de 1598, signé par Henri IV à Nantes, était lui aussi un édit de « tolérance »). L'arrêté Haby ne faisait que constater les évolutions et leur donner une estampille semi-officielle. Plus de trente ans après, les « tolérances » ne sont pas encore devenues la norme, mais elles en prennent le chemin, comme pour l'accord des verbes dont les sujets sont des noms collectifs au singulier. Il y a pourtant des résistances. Un internaute, Alain, nous envoie une volée de bois vert pour un titre du *Monde* : « *Vous n'y allez pas mou avec la faute de français la plus courante : "La moitié des Palestiniens détenus… **suivent** une grève de la faim"* » (1/9/04). Nous évoquions la *tolérance*, et voilà que la *faute* revient : toujours le vocabulaire de la culpabilité ! Ici, formellement, le sujet, *la moitié*, est au singulier, et son verbe pourrait l'être également. Mais l'ensemble, avec le complément de nom, est senti comme pluriel. Nous aurions pu lui opposer la troisième rubrique de l'arrêté Haby, qui traite de ce problème, mais nous faisons mieux encore en citant Fénelon : *« Un nombre infini d'oiseaux faisaient résonner ces bocages de leurs doux chants »* (*Télémaque*).

Depuis qu'il existe, le français donne le choix dans ce genre de situation. Et il était même bien plus « laxiste » par le passé, car il permettait des accords comme celui-ci, « commis » par Bossuet : *« Moïse assemble le peuple pour* ***leur*** *proposer les conditions sous lesquelles Dieu* ***les*** *recevait en son alliance. »* Accord « agrammatical », mais tout à fait acceptable selon le sens, car *peuple*, mot collectif au singulier, est une espèce de concentré de pluriel. La Fontaine pouvait même écrire :

Qui pourrait souffrir un âne fanfaron ?
Ce n'est pas là ***leur*** *caractère.*
Le Lion et l'Âne chassant

« Âne », devenant une sorte de collectif, peut être perçu comme un pluriel, d'où le possessif *leur* au lieu de *son* (ce qui contredit l'adage : les ânes réclament du son !). Nous remercions *Le Bon Usage* pour ces deux dernières citations du XVIIe siècle, mais nous en avons trouvé de tout à fait contemporaines. Sur l'AFP, qui cite un joueur de foot, on a pu lire : *« Sochaux a réussi à nous faire déjouer, et c'était* ***leur*** *objectif »* (18/4/07) – *déjouer* a ici le sens de « mal jouer » et le pronom possessif au pluriel renvoie aux joueurs (sous-entendus) de Sochaux ; et dans *Libération*, un critique raconte ainsi le sujet d'un film : *« La dérive d'un couple à la recherche de* ***leur*** *fils disparu dans le tsunami de 2004 »* (21/8/07) – le mot *couple*, qui implique forcément deux personnes, a entraîné l'accord du pronom personnel au pluriel.

Nous l'avons vu plus haut, l'accord du verbe quand le sujet est un mot collectif au singulier (ainsi que *plus d'un, peu de*) avec complément de nom au pluriel est une grande préoccupation des écrivants, et vient peut-être en tête du hit-parade des difficultés de la langue française (*ex æquo* avec le participe passé). La plupart s'interrogent et sont moins péremptoires qu'Alain, telle Florence : « *Je suis perplexe quant à l'accord grammatical à effectuer dans des expressions du style : "L'ensemble des éléments* milite *ou* militent *en faveur de..."* » Ils ignorent souvent qu'ils ont le choix, suivant qu'ils veulent insister sur le premier ou le second terme. Dans ce papier du *Monde* sur l'Arménie (papier d'Arménie !), les deux possibilités ont été retenues successivement : « *Une demi-douzaine de 4 × 4* ***s'arrêtent*** *dans un crissement de pneus, et une armée de colosses, revolver à la ceinture, en* **descend** *prestement* » (13/5/07). *Le Parisien* choisit le singulier dans ce passage sur les défections d'acteurs, après celle de George Clooney, dans la série *Urgences* : « *La moitié des acteurs principaux* ***avait*** *déserté au cours de la saison suivante* » (18/7/08). *Le Monde* aussi, dans cet article sur la perception qu'ont les Marocains de leur classe politique : « *Tous les députés, que la grande majorité des Marocains* ***tient*** *pour des fainéants et des profiteurs* » (11/9/07).

Cependant le choix du pluriel est plus fréquent, comme dans ces titres du *Figaro* : « Plus d'un tiers des grossesses **demeurent** un événement imprévu » (27/11/07), et du *Monde* : « Gardant l'esprit des années 1960-1970, une poignée de créateurs **font** de l'humour leur marque de fabrique » (28/3/08). Et nous prenons le risque de courroucer Alain avec cette légende de photo assez hardie du *Monde* illustrant un papier sur les catacombes de Rome : « *1 500 squelettes ont été déposés. Une centaine* ***ont*** *pu être dégagés* » (22/10/08).

Trop de pluriel nuit

Il règne une grande confusion dans l'accord des compléments de nom introduits par « de ». Faut-il écrire une *salle de bain* ou *de bains*, un *mur de briques* ou *de brique*, de la *confiture de cerises* ou *de cerise*, etc. Personne ne le sait, à vrai dire, pas même l'Académie. Disons seulement que le choix de l'un ou de l'autre n'apporte guère d'information différente.

En revanche, il faut bien se garder d'accorder systématiquement le complément de nom au pluriel quand le mot auquel il est subordonné est lui-même au pluriel, au risque de brouiller son message. Trop souvent dans la presse, *demandeur d'emploi* devient au pluriel, contre toute logique, *demandeurs d'**emplois*** – alors que chaque chômeur ne recherche a priori qu'un emploi. Un vigneron de l'Aude, blessé par des explosifs qu'il manipulait, nia d'abord toute intention criminelle, « *avant de s'accuser de plusieurs **tentatives d'attentats** dans la région* » (*Libération*, 21/8/08). En mettant *attentat* au pluriel, *Libé* aggrave le cas de ce prévenu, mais attente surtout à la grammaire. Quand un chef d'État en rencontre un autre, cela donne deux *chefs **d'État***, car chacun ne gouverne qu'un seul pays. Et quand il achoppe sur la syntaxe, cela donne cette amusante faute dans le même quotidien (Raymond Depardon y parle de Giscard) : « *S'il a bloqué le film que j'ai fait de sa campagne de 1974, c'est notamment parce qu'il s'est entendu faire des fautes de **syntaxes*** » (*Libération*, 5/1/08), où le dernier *s* est tout à fait intempestif.

L'arrêté Haby (14 b) met un signe égale entre *ils ont ôté **leur chapeau*** et *ils ont ôté **leurs chapeaux***. Sauf au cas improbable où *ils* n'auraient qu'un seul chapeau pour tous ou qu'*ils* porteraient tous plusieurs couvre-chefs, l'équivalence singulier/pluriel est recevable. Mais ce n'est pas toujours aussi évident, comme dans ce passage du *Canard enchaîné* où il est question de vétérans américains d'Irak: «*Certains sont devenus alcooliques, d'autres se droguent, frappent* ***leurs épouses****, ont tenté de se suicider*» (17/1/07). Si ces anciens d'Irak sont aussi mormons, et donc polygames, *leurs épouses* se justifie. Le singulier *leur épouse* évitera toute ambiguïté.

Il existe en français une enflure du pluriel à laquelle il faut parfois s'opposer pour préserver certaines subtilités. Nous n'irons cependant pas jusqu'à créer un parti anti-pluriel, comme le suggérait un internaute, Robert, sur le blog *Langue sauce piquante*. Il se réjouissait d'une note intitulée «*Inflation du pluriel*» (24/11/04): «*Enfin un article sur cette détestable manie de mettre du pluriel partout, qui sévit depuis trop longtemps! Si quelqu'un crée un parti pour lutter contre ce nouvel impérialisme, je prends ma carte tout de suite.*»

Paradoxalement, le singulier peut avoir une valeur générique que ne possède pas le pluriel, comme en témoigne l'affaire déjà lointaine de France Musique(s). Cette station de radio a eu la fantaisie de mettre le second terme de son nom au pluriel pendant quelques années, avant de revenir en 2005 à un singulier plus sobre. Sauf à s'accorder avec un certain air du temps, qui préfère *les cultures* à *la culture*, il était difficile de prouver en quoi ce *s* (qui fut qualifié à cette occasion de «*"s" de la démagogie*») apportait une information nouvelle, un «plus»: *la* musique les contient toutes, mais quand on parle *des* musiques, on doit bien en oublier quelques-unes.

On l'aura compris, le pluriel est plutôt envahissant – le déclarer «impérialiste», c'est pousser le bouchon un peu loin – et il convient de conserver quelques «niches écologiques» pour le singulier, en gardant en mémoire que, toutes les fois que les deux formes sont en concurrence pour un sens identique, le choix du singulier sera plus sobre, plus économique, et même, osons le dire, plus élégant.

En bref
SINGULIER, PLURIEL

- *Le français a deux nombres grammaticaux, le singulier et le pluriel, lequel commence à partir de deux. On n'écrira donc pas:* 1,5 *millions, *mais* 1,5 million *d'euros.*
- *Le pluriel est très marqué à l'écrit (tous les mots variables s'accordent en nombre). Mais très discret à l'oral car ces marques sont surtout des consonnes muettes.*
- *Quand le sujet est un nom collectif au singulier suivi d'un complément de nom au pluriel, le verbe peut s'accorder au pluriel. On pourra donc écrire, suivant le terme sur lequel on veut insister, aussi bien* la majorité des électeurs se sont abstenus, *que* la majorité des électeurs s'est abstenue.
- *Le pluriel a tendance à empiéter sur le domaine du singulier, au détriment du sens.*

Dans les deux phrases suivantes, le singulier et le pluriel (en gras) vous semblent-ils justes ?

1. « *Les Sahraouis arriveront tôt ou tard à* ***leur fin****, c'est-à-dire à l'autodétermination* » (Pierre Richard, cité par *Libération*, 8/12/08).

2. «*Les ordres prescrivaient que les exactions devaient être perpétrées par des hommes* ***en civils****...*» (article sur la Nuit de cristal en Allemagne en 1938, *L'Humanité*, 10/11/08).

Réponses à la page 180.

Pervers PP

« *Pourriez-vous me dépanner d'une bêtise ? Je ne sais plus soudain : "Mon père m'entourait de toute la tendresse qui lui avait manqué." Manqué ? Manquée ?* » Ainsi était libellé le courriel d'une internaute, Catherine, qui hésitait sur un accord de participe passé [1] et demandait donc un « dépannage ». Qu'un scripteur, après mûre réflexion, n'arrive pas à démêler un tel problème prouve bien que les règles, parfois complexes, de l'accord en plongent plus d'un dans un abîme de perplexité. C'est ce qui se confirme à la lumière des réponses que nous avons obtenues en soumettant la question de Catherine à la sagacité des lecteurs du blog *Langue sauce piquante*. En voici un échantillon. Désinvolte : « *Pas de problème : accord banal du PP employé avec avoir, "manqué" juste* » ; argumentée : « *"manqué" me convient, pas d'accord du participe passé avec un COI (lui)* » ; technique : « *On devrait normalement accorder avec*

1. *Participe*, du latin *participium*, « qui a une part de », est exclusivement un terme de grammaire. De quoi participe-t-il donc ? car son nom ne le précise pas. Cette forme verbale se rapprochant de l'adjectif, il faut comprendre « qui participe simultanément de l'adjectif et du verbe ».

le COD ("la tendresse") placé avant, mais pas dans ce cas où le verbe est pris impersonnellement»; inventive: *«Ce verbe me semblant une exception, personnellement j'aurais écrit "manquée", comme si l'auxiliaire avait été être...»*; alambiquée: *«Si c'est mon père qui lui a manqué "é", si c'est la tendresse qui a manqué à mon père "ée", car on manque "de" quelque chose sinon on manque le coche»*; habile: *«L'emploi du verbe manquer ne me convient pas. Ainsi, il faudrait dire effectivement "*[...]* de la tendresse dont lui-même avait été privé"»*; chantournée: *«Ce "manqué" me gêne, sans que la logique grammaticale permettant d'écrire "manquée" m'apparaisse clairement. J'ai envie de dire qu'il lui a "manqué la tendresse", et que tendresse est donc un COD, mais je vois bien que ce n'est pas le cas, et que c'est bien plutôt "la tendresse lui a manqué". Pourtant, rien à faire, j'ai vraiment envie de mettre un* e *final...»*

Pour décoder, nous donnerons tout de même la traduction de COD – complément d'objet direct – et de COI – complément d'objet indirect. Quant au PP, le *pépé* pourrait-on dire en le qualifiant d'un petit nom affectueux, c'est bien sûr notre participe passé.

L'avalanche d'explications plus ou moins fantaisistes, de doutes, et même de stratégies d'évitement prouve bien, s'il le fallait encore, que l'accord du participe passé est l'une des bêtes noires des écrivants, *«une des croix de notre orthographe»*, selon Maurice Grevisse (*Savoir accorder le participe passé*). La recherche du COD en est une autre, quête souvent périlleuse, au point qu'on trouve sur le Net cette proposition alléchante: *«En cinq minutes... l'accord du participe passé sans se préoccuper du vocabulaire grammatical, et notamment de ce #&@ ?!! de complément d'objet»*, qui s'inspire de la méthode de Marc Wilmet (*Le Participe passé autrement*). Pour décider de l'accord, il faut trouver le «*support*» du PP en se posant la question suivante:

> «*Ai-je déjà écrit, au moment où j'écris le participe, ce qui est ou s'est [et j'ajoute dans mon interrogation le participe passé en question] ?*
>
> • *J'ai jeté // des fleurs.* ***Au moment même où j'écris jeté, ce qui était jeté (les fleurs) n'était pas encore écrit: pas d'accord!***
>
> • *Les fleurs que j'ai jetées // étaient fanées.* ***Au moment où j'écris jetées, j'avais déjà écrit ce qui était jeté (les fleurs) : accord!***»

Une démarche pas très éloignée – mais sémantiquement plus rigoureuse – de celle de la méthode «à l'ancienne», comme la moutarde, qui propose de repérer si le COD est placé après ou avant le verbe (en répondant à la question *qui?* ou *quoi?*). *J'ai jeté* ***quoi?*** *des fleurs*: le COD est après le verbe, pas d'accord; *Les fleurs que j'ai jetées: j'ai jeté* ***quoi?*** *que*, mis pour *les fleurs*, nom féminin pluriel, le COD est avant le verbe, donc on accorde. Qu'on applique l'une ou l'autre méthode, si la question posée ne permet pas de trouver de COD ou de support, c'est qu'il ne faut pas accorder. Dans la phrase «*Les vingt ans que ce souverain a* ***régné***» (*Savoir accorder le participe passé*), la question «ce souverain a régné *quoi?*» est inopérante, tout comme l'est la question «*qu'est-ce qui a été* régné?». Des méthodes qui permettent de résoudre la majorité des cas.

Ami lecteur, nous sentons monter en toi un certain agacement: vont-ils, oui ou non, nous dire s'il faut un *e* à *manqué?* Comme dans tout thriller, nous avons planté le décor et laissé s'installer un climat d'inquiétude: nous t'avons vu relire la phrase, te prononcer en faveur de *manqué*… puis de *manquée*, analyser les réponses, t'arracher les cheveux, enfin et surtout n'être plus sûr de rien. Il est temps de mettre fin à ce suspense.

Certaines remarques des internautes sont justes : *manquer* se construit bien avec l'auxiliaire *avoir*, et *lui*, qui renvoie à *père*, est bien un COI. Il y a aussi des erreurs manifestes : *manquer* n'est pas employé impersonnellement et n'est pas une « exception » : c'est un verbe intransitif (du moins dans le sens qui est le sien ici), c'est-à-dire qu'il n'admet pas de COD. Le pronom relatif aurait dû mettre sur la voie : *qui* est sujet du verbe de la relative et se rapporte à *tendresse*, qui ne peut pas être un COD. On sent bien pourtant que c'est cette *tendresse* qui fait pencher vers l'accord... qui n'a pas lieu d'être. « *Mon père m'entourait de toute la tendresse qui lui avait manqué* » est la bonne – et seule – solution ; il en aurait été différemment avec un verbe transitif : « *Mon père m'entourait de toute la tendresse qu'il n'avait jamais reçue* », le pronom relatif *que* ayant ici pour antécédent *tendresse*, COD, il faut accorder le participe.

Le fil d'Ariane

Toujours selon Maurice Grevisse, la sagesse en matière de participes passés est de « *s'en tenir aux bonnes vieilles règles qui régissent leur accord* », mais l'ensemble de celles-ci s'apparente à un labyrinthe, dans lequel beaucoup s'égarent et où il vaut mieux ne pas lâcher le fil d'Ariane.

Remontons le temps : en ancien français, les règles d'accord des participes passés avec *avoir* et *être* étaient beaucoup plus souples. Construit avec le verbe *être*, le participe passé s'accorde avec le sujet dans tous les cas, mais il n'est pas impossible, en particulier avec le verbe *faire*, de le trouver invariable. Avec *avoir*, l'accord se fait sans restriction quand il existe un élément avec lequel accorder, comme dans ce vers de *La Chanson de Roland*, « *Quant l'emperere ad* ***faite*** *sa justise* » (Quand l'empereur eut ainsi fait justice) : *faite* s'accorde avec le féminin *justise* qui est pourtant placé après l'auxiliaire *avoir* ; même exemple dans *Le Roman de Renart* : « *Après lui a* ***close*** *sa porte* » (nous aurions aujourd'hui *clos*). Dans cette phrase, tirée de *La Mort le roi Artu*, « *Si tost com li rois fu assis et il* ***ot*** *ses meins* ***lavees*** » (Dès que le roi fut assis et qu'il eut lavé ses mains), *lavees* s'accorde avec le COD, *meins*, placé entre le verbe et le participe. Cette disjonction du verbe et de son participe se rencontre encore couramment à l'époque classique, comme dans ce vers de Corneille : « *Oui, sans doute, Clarice* ***a*** *son âme* ***blessée*** » (*La Veuve*). Remise au goût du jour, cette tournure donnerait, en lieu et place de cette phrase trouvée dans *Paris Match* : « [Béatrice Schönberg] *avait* ***quitté*** *l'antenne en février dernier* » (4/10/07), « ... *avait l'antenne* ***quittée*** », ce qui ne manque pas de charme.

Jusqu'au XVIe siècle, les accords ne sont toujours pas régis par une règle stricte et, à l'inverse de ce qui se passait au Moyen Âge, on rencontre de nombreux cas où l'accord n'est plus fait. Marguerite de Navarre, dans une même page de l'*Heptaméron*, fait l'accord dans la première phrase et pas dans la seconde : « [il] *n'osoit montrer* ***les marques*** *qu'elle luy avoit* ***faictes*** *au visaige* » et « *si ne retourna il point à la court, qu'il ne fust bien guéry de toutes ses playes, horsmis* ***celle*** *que l'amour et le despit luy avoient* ***faict*** *au cueur* » (Première Journée, 4e nouvelle). Au XVIIe siècle, Vaugelas écrit qu'« *en toute la Grammaire Françoise, il n'y a rien de plus important, ny de plus ignoré* » que l'usage des participes passés et qu'« *une infinité de gens y manquent* ». Et il reprend à son compte, dans ses *Remarques* *sur la langue françoise,* la règle d'accord des participes avec *avoir*, fondée sur l'ordre des mots, mise en vers par Clément Marot au XVIe siècle (souvenons-nous en le lisant qu'*amour* est alors du genre féminin) :

Nostre langue a ceste façon,
Que le terme, qui va devant,
Voluntiers regist le suyvant.
Les vieulx exemples je suivray
Pour le mieulx : car, à dire vray,
La chanson fut bien ordonnée,
Qui dit : ***M'amour vous ay donnée.*** *[...]*
Voylà la force, que possede
Le femenin, quand il precede.
Or prouveray par bons tesmoings,
Que tous pluriers n'en font pas moins :
Il fault dire en termes parfaictz,
Dieu en ce monde nous a faictz :
Fault dire en parolles parfaictes,
Dieu en ce monde les a faictes *[...].*

À ses disciples

« *On apprit par cœur ces vers dans les ateliers d'imprimerie et le mal fut fait* », écrit Ferdinand Brunot (*La Pensée et la Langue*), qui précise d'ailleurs que Louis Meigret, grammairien contemporain de Marot, prônait quant à lui l'invariabilité absolue du participe avec *avoir*. (Nous verrons plus loin qu'il avait aussi des idées originales en matière d'orthographe.) La règle mit un certain temps avant de s'imposer, puisque Vaugelas, toujours lui, s'étonne de ce que plusieurs auteurs modernes, « *faisant profession de bien escrire, ne laissent pas de commettre cette faute* ». On peut penser que sans l'intervention volontariste de l'école au XIXe siècle, qui a instillé la règle dans tous les jeunes crânes, l'invariabilité l'aurait emporté.

Au XXIe siècle, nous sommes toujours aux prises avec ces « *bonnes vieilles règles* », qui sont loin d'être parfaitement maîtrisées, comme nous l'avons nous-mêmes constaté au travers des questions qui nous sont posées.

C'est la faute à Marot !

Marot a édicté la règle ; on nous l'a serinée à l'école : avec *avoir*, on accorde le participe passé avec le COD s'il est placé avant le verbe. Une règle d'une apparente simplicité dont beaucoup semblent n'avoir qu'un souvenir assez flou : l'accord ne vient pas « naturellement ». Et il a même une fâcheuse tendance à s'évaporer, comme si l'invariabilité prescrite par certains, et ce depuis le XVIe siècle, était déjà appliquée. À l'oral, c'est presque chose faite, et rares sont ceux qui accordent encore le participe passé avec *avoir*. Il suffit d'ouvrir la radio pour entendre : *les décisions qu'il a* ****pris*** [1], *les propositions que nous avons* ****fait***. D'autres fois l'absence d'accord ne s'entend pas à l'oral, mais on la constate à l'écrit, comme dans cette phrase relevée par un internaute sur *Le Monde.fr* : « *Desproges aimait les animaux, en particulier sa grenouille savante, qu'il a* ****présenté*** *à* 30 Millions d'amis » (19/4/08). Aurélien, qui signale cette faute, s'interroge : « *Je vis maintenant à l'étranger, mais m'étonne que les participes passés ne s'accordent plus comme quand je vivais en France.* » Nous le rassurons, la règle n'a toujours pas changé et il aurait fallu écrire *qu'il a* ***présentée*** (COD : *que = grenouille*). Même chose dans *Le Nouvel Observateur*, où un encadré

1. Dans tout ce chapitre, l'astérisque signale une forme fautive.

sur la couturière Sonia Rykiel nous apprend que «*son histoire sera éternellement liée à cette révolution étudiante* [Mai-68] *qu'elle a tant* ****aimé***» (13/10/08). Une faute d'accord pourtant «basique» (on aurait dû avoir *qu'elle a tant* ***aimée***), qui prouve que l'invariabilité s'installe aussi à l'écrit.

Un internaute anonyme, lui, soumet un problème: «*On écrit "les clés que j'ai* ***oubliées****"», mais écrit-on "les clés que j'ai* ***oublié de prendre****" ?*» Pas d'inquiétude pour la première phrase, qui répond au schéma simple: *j'ai oublié* ***quoi?*** *que = les clés*, COD antéposé, donc accord. En revanche, la présence de l'infinitif dans la seconde phrase le rend plus circonspect et, s'il a raison de ne pas faire l'accord – l'infinitif fait corps avec le verbe et ne traduit pas une action du COD –, il n'est plus du tout sûr de lui. Namira, qui écrit d'Angleterre et n'a pas son «*attirail de dicos*» sous la main, hésite sur cette phrase – «*Nous devons croire aux informations qu'il a* ***portées*** *à notre connaissance*» – et se demande si l'accord est bien justifié «*parce qu'ici* porter [est] *utilisé en tant qu'intransitif, mais maintenant je ne suis pas sûre…*».

Namira se trompe – rappelons-nous qu'elle n'a pas de dictionnaire! –, *porter* n'est pas ici intransitif et *l'on porte* ***quelque chose (COD)*** *à la connaissance de quelqu'un*. L'accord est donc juste. Dans le même ordre d'idée, Rodolfe s'interroge: «*Écrit-on: "On n'a guère perçu la portée des changements qu'a* ***subis*** *la logique…" ou bien "… qu'a* ****subie*** *la logique…"*» Il suffit de repérer le sujet (ici, *la logique*) et de se demander ce qu'il a subi pour se décider: *la logique a subi* ***quoi?*** *que = des changements*: la première solution est la bonne. Nous ne voulons en aucun cas stigmatiser ces internautes, au contraire, leurs questions nous semblent refléter ce qui arrive trop souvent à tous ceux qui lisent ou écrivent: ils hésitent, ils tergiversent, ils atermoient, la hantise de la faute leur faisant parfois préférer la mauvaise solution.

On a vu que la presse n'échappe pas aux erreurs, en particulier les « erreurs d'attraction », c'est-à-dire celles commises à cause de la proximité de formes au pluriel ou féminines : « *Les salariés de Méaulte n'ont toujours pas* ***digérés** [les] *révélations sur les délits d'initiés de l'état-major de leur groupe* » (*Le Nouvel Observateur*, 11/10/07) : le COD est pourtant bien après le verbe et on aurait dû trouver ***digéré***, mais l'abondance de pluriels a été contagieuse ; « *A-t-elle* ***établie** *une liste noire ?* » (*BibliObs*, 19/9/08), a-t-on pu lire à propos de Sarah Palin, gouverneure de l'Alaska, qui aurait tenté d'interdire certains ouvrages dans une bibliothèque. Nous soupçonnons que la proximité des féminins *elle* et *liste* a influencé l'accord. À moins que ces pratiques d'un autre âge n'aient fait glisser vers un accord moyenâgeux ! Mais comme Internet, contrairement au papier, permet les repentirs, ce *e* a bien vite disparu.

C'est la faute à Malherbe !

Avec l'auxiliaire *être*, les difficultés s'éloignent un peu : le PP s'accorde avec le sujet, que le verbe soit à la voix active : « *Les conditions sont* ***réunies*** *pour que le PS éclate* » (*NouvelObs.com*, 9/11/08) ; « *Les comptes bancaires sont* ***gelés***. [...] *La Bourse est* ***fermée*** » (*Vendredi*, 24/10/08). Ou passive : « ***Des plans*** *de construction originaux du camp d'extermination nazi d'Auschwitz* ***ont été retrouvés*** *en vidant un appartement à Berlin* » (*Le Monde.fr*, 8/11/08). Là encore, à l'oral, l'accord est presque toujours omis : « *Des mesures qui seront* ***pris** *au niveau européen* » (France Inter, 1/10/08). Nous avons pu repérer la faute, car le ministre Jean-Pierre Jouyet, qui parlait de la crise bancaire, n'a pas fait la liaison…

Les verbes « essentiellement » pronominaux ou, selon la terminologie botanique de Marc Wilmet, les verbes à *se* « persistant » (le pronom *s'* ou *se* est inséparable du verbe), obéissent à la même règle d'accord avec le sujet : « *Les lumières de la ville rendent la nuit de moins en moins noire,* […] *une "pollution lumineuse" contre laquelle savants et politiques se sont* ***insurgés*** *lors d'une soirée à l'observatoire de Meudon* » (*Le Point.fr*, 24/9/08) ; « *Dès les premiers combats, les casques bleus se sont* ***claquemurés*** *dans leur base* » (*Le Monde*, 7/11/08). On en trouve des listes dans tous les ouvrages spécialisés : nous en citerons quelques-uns, tels *s'absenter, s'empresser, s'extasier, s'obstiner, se souvenir* ou *se marrer* ; et, pour les réciproques, *s'entraider* ou *s'entre-tuer*. Un petit nombre de verbes, dits pronominaux par gallicisme ou pronominaux subjectifs (*se* n'a pas de fonction grammaticale précise), voient leur PP s'accorder aussi avec le sujet : il s'agit de *s'apercevoir de, s'en prendre à, se prévaloir de, se refuser à*, etc. Dominique, un internaute, signale une faute d'accord du PP dans cette phrase : « *Des milliers de personnes s'en sont* ***pris*** *à la police,* […] *à Shenzhen dans le sud de la Chine* » (*Le Monde.fr*, 10/11/08) et aurait souhaité « *s'en sont* ***prises*** ». La faute n'est pas si évidente, le rédacteur ayant pu choisir d'accorder non pas avec *personnes*, mais avec *milliers*.

Seul, le verbe *s'arroger* fait exception : bien qu'essentiellement pronominal, il suit la règle d'accord avec le COD antéposé.

Avec les « accidentellement » pronominaux, ou verbes à *se* « caduc », les accidents ne sont pas rares, puisqu'on retrouve les mêmes problèmes qu'avec le verbe *avoir*, l'accord se faisant en fonction de la place du COD ! On peut regretter que la règle de l'accord avec le sujet en toutes circonstances, qui a prévalu jusqu'au XVIIe siècle, ait été remise en cause par Malherbe, à l'origine de l'imbroglio actuel. Ceci pour répondre à un internaute qui se demandait : « *Quel est le c*** qui a inventé les accords du COD avec les verbes pronominaux ?* » La tendance est d'ailleurs très forte, qui fait resurgir l'accord ancien avec le sujet. Ainsi, des lecteurs du *Nouvel Observateur* ont cru déceler une « faute » dans ce titre de une : « *Comment Roosevelt, Churchill, Staline… et de Gaulle se sont* ***disputé*** *le monde* » (5/5/05). Beaucoup auraient voulu un *s* à *disputé*. Si les quatre grands s'étaient tout simplement *disputés* (au sens de *se quereller*), il aurait en effet fallu accorder le participe, mais le verbe signifie ici « *chercher ensemble à s'arracher ce à quoi on tient* », pronominal à valeur réciproque : il fallait donc chercher *ce que les quatre hommes se disputaient – le monde,* COD postposé –, et ne pas accorder le participe. L'accord se ferait en revanche dans une phrase telle que : *les dépouilles* ***qu'****ils se sont* ***disputées*** (COD antéposé).

Dans l'exemple suivant, l'accord est juste, mais n'est toujours pas un accord avec le sujet : « *Je* [Ségolène Royal] *me suis sans tarder* ***attelée*** *à la constitution de l'unité du Parti socialiste* » (*NouvelObs.com,* 8/11/08). *S'atteler* est un verbe réfléchi (c'est-à-dire que l'action du verbe est bien faite par le sujet sur lui-même) : l'accord au féminin se fait avec le COD antéposé, *me* = Ségolène Royal.

Si l'absence d'accord est fréquente à l'oral, à l'écrit on rencontre souvent des accords très superflus, certainement par contamination du sujet féminin, comme dans ce chapeau d'un article du *Monde* consacré à Isabella Lövin, une journaliste qui dénonce la surpêche en mer Baltique : « *… elle s'est ****mise*** *à dos les pêcheurs* » : *se mettre* ***quelqu'un*** *à dos* implique un COD. *Elle s'est mis à dos* qui ?

les pêcheurs, COD postposé n'entraînant pas l'accord. Une faute du même genre se rencontre à l'intérieur du papier : « *Je me suis ****permise*** *de donner aux poissons plus de valeur que ne leur en donne notre société* » (20/8/08). Si l'on se demande *ce qu'elle s'est permis* on obtient la réponse : *de donner aux poissons* (COD postposé)... et il ne fallait toujours pas accorder. Isabella Lövin *s'est* ***mis*** *a dos les pêcheurs* et *elle s'est* ***permis*** *de donner...*

Dans le même ordre d'idée, nous avons relevé cette phrase dans un article sur Aurore Drossart, « l'ex-fille d'Yves Montand » : « *Avec le bouddhisme et les arts martiaux, elle s'est ****construite*** *une philosophie métissée et refuse de suivre une psychanalyse* » (*Le Figaro*, 14/10/07). Et encore, dans *Le Nouvel Observateur* – nous ne voulons pas faire de jaloux –, dans un article consacré à Denise Glaser (oui, celle qui anima *Discorama* !) : « *Elle a beaucoup changé par la suite, elle s'est ****cherchée*** *une nouvelle façon d'être* » (6/10/08). Toujours cette fâcheuse influence de l'environnement féminin : dans ces deux exemples, le sujet était féminin et les COD postposés aussi (*philosophie* et *façon d'être*). Il fallait écrire : *elle s'est* ***construit*** *une philosophie* et *elle s'est* ***cherché*** *une nouvelle façon d'être.*

Il nous en fait voir

Qu'il soit conjugué avec *avoir* ou employé pronominalement avec *être*, *voir* est un verbe pour lequel l'accord du PP suivi d'un infinitif est loin d'aller de soi. Ainsi pour Claude, qui écrit : « *Il y a quelques années, j'avais rédigé un texte que je voulais poétique pour accompagner une invitation à une exposition* [...]. *La petite invit' une fois tirée à 500 exemplaires, on me signala (un collègue féru d'orthographe) une faute. J'avais écrit: "Octobre les a vus planter le décor". Il semble qu'il ne faut pas de* s *à* vu *parce que* les *n'est pas complément de* voir *mais* sujet *de* planter. *Confirmez-vous cette version ?* » Nous sommes navrés de contredire ce collègue féru d'orthographe, mais Claude avait très justement accordé le PP avec le COD antéposé *les*. André Jouette (*Dictionnaire d'orthographe et d'expression écrite*) conseille une astuce : il y a accord du PP si on peut faire suivre *vu* de *en train de* : « *On les a* ***vus*** [en train de] *planter le décor.* » Ça marche ! Tout comme pour le titre suivant : « *Les 3 milliards de Kerviel que personne n'a* ***vus*** *passer* » (*Le Canard enchaîné*, 12/11/08).

Pour Thibaut, accord ou non, il ne comprend pas bien pourquoi : « *"Déjà mise en difficulté par des résultats d'exploitation mitigés, l'association s'est *vue imposer à la mi-février une réduction d'ouverture du théâtre." Après de nombreuses consultations (!), il appert que* voir *aurait dû s'écrire* vu *et non* vue. *Mais la seule raison qui m'a été donnée est l'intuition…* » Il est exact que *vu* ne devait pas s'accorder, car l'action du verbe à l'infinitif n'est pas accomplie, mais subie par le sujet. Pour décider ou non de l'accord, nous donnerons encore une astuce, celle du chef correcteur des dictionnaires Larousse dans les années 1950, Adolphe V. Thomas, auteur d'un *Dictionnaire des difficultés de la langue française* appelé couramment « le Thomas » : il ne faut pas accorder si on peut faire suivre l'infinitif de la préposition *par* introduisant un COI, ce qui est le cas dans l'exemple de Thibaut. On pourrait poursuivre la phrase : *l'association s'est vu imposer… par les autorités.* Dans les journaux, il y a aussi du flottement sur ces accords : « *La journaliste s'est* ****vue*** *reprocher son parti pris* » (*Le Monde*, 20/6/06) ; ce n'est pas elle qui s'est reproché son parti pris, mais bien quelqu'un d'autre, et l'on aurait pu continuer la phrase : *par sa hiérarchie*. Si elle s'était *vue* dans un miroir, il en aurait été tout autrement.

Dans la phrase suivante l'accord est aussi fautif : « *Les chefs de cours d'appel, premiers présidents et procureurs généraux se sont* ***vus** *tenir un discours musclé qu'ils n'ont guère apprécié* » (*Le Monde*, 12/7/07). On aurait pu imaginer que les magistrats ont eux-mêmes tenu un discours musclé, mais la dernière proposition apporte une précision qui ne laisse aucune ambiguïté sur le fait que ce discours leur a été tenu *par quelqu'un d'autre*, la garde des Sceaux Rachida Dati en l'occurrence : *ils se sont donc* ***vu*** *tenir un discours musclé*.

La grève de l'accord

Par bonheur, certains participes passés sont invariables, comme s'ils avaient décidé de se mettre en grève. Encore faut-il savoir lesquels.

◆ Ceux des verbes impersonnels ou employés impersonnellement (le sujet est le pronom *il*). Voici le corrigé d'un petit exercice proposé sur le site de l'université de Montréal, qui offre un condensé très météorologique sur la question : « *En avril, les vents violents qu'il y a* ***eu*** *ont arraché la toiture de la maison. En juillet, la chaleur torride qu'il a* ***fait*** *pendant deux semaines a tué ma pelouse. La semaine dernière, les pluies torrentielles qu'il y a* ***eu*** *ont inondé mon sous-sol. Les efforts et le temps qu'il a* ***fallu*** *pour éponger ce dégât d'eau sont incommensurables.* »

◆ Le PP du verbe *se faire* reste invariable s'il est suivi d'un infinitif. Nous ne suivrons donc pas *La Provence* qui titrait un beau jour de juillet 2004 : « *Elles se sont* ***faites** *plaquer par Jean-Jacques* [Aillagon]. » Les malheureuses se sont bien ***fait*** *plaquer* par l'ex-ministre de la Culture, mais, rassurez-vous, il ne s'agissait que d'un spectacle de rue joué pendant le Festival d'Avignon. On peut expliquer cette invariabilité par le fait que l'action est subie par le sujet. Quand il fait partie d'une locution figée, *se fait* reste également invariable, mais c'est loin d'être évident pour tout le monde : « *Est-ce sciemment que vous avez écrit "la presse s'est* ***fait l'écho****", c'est-à-dire sans accorder le participe* fait *avec* presse ? » demandait Yves dans un courriel adressé au *Monde.fr*. Sciemment et justement, avons-nous pu lui répondre.

Dans l'expression *se* ***faire fort*** *de* (au sens de *se vanter de*), *fort* peut être considéré comme un adverbe et on a intérêt à suivre Vaugelas qui prescrit son invariabilité en genre et en nombre et à laisser tout aussi invariable le PP *fait* : « *Elle s'est* ***fait fort*** *de la convaincre* » (Joseph Hanse, *Nouveau Dictionnaire des difficultés du français moderne*).

Suivi d'un adjectif, en revanche, le PP s'accorde et on écrira bien, comme dans ce titre : « *Ces dernières années, l'actrice allemande* [Hanna Schygulla] *s'était* ***faite*** *rare au cinéma* » (*Le Monde*, 25/5/07), car le verbe est alors réfléchi.

◆ Quant au PP du verbe *se laisser* suivi d'un infinitif, les *Rectifications de l'orthographe* de 1990 l'ont aligné sur celui de *se faire* et donné comme invariable. Ce ne sont que des recommandations et on peut le rencontrer accordé, même si cela demande une certaine gymnastique intellectuelle. En effet, il faut distinguer si le sujet de *se laisser* est aussi le sujet de l'action exprimée par l'infinitif (*elle s'est laissée mourir*), auquel cas on accordera le PP ; si le sujet de *se laisser* est l'objet de l'action exprimée par l'infinitif (*elle s'est laissé aimer*), il ne faudra pas accorder. Jean Girodet, qui mentionne cette règle, précise qu'« *elle n'est pas toujours strictement appliquée, même par les bons écrivains modernes* ».

Deux exemples permettront d'en voir immédiatement les limites, puisque dans deux cas similaires les choix sont opposés : « *Les socialistes se sont **laissé persuader** de choisir comme candidate* [...] *celle* [Ségolène Royal] *qui était la moins capable de gagner* » (Lionel Jospin, *L'Impasse*, 2007) : on peut penser que les socialistes n'ont pas fait l'action de se persuader et l'auteur a eu raison de ne pas accorder ; « [Carla] *s'est *laissée épouser par le père de la nation* » (*Libération*, 17/7/08) : là encore le sujet a subi l'action du verbe, mais comme le rédacteur n'a pas voulu faire de Carla un objet – même consentant –, il a fait l'accord au détriment de la règle.

◆ Pour les participes dans les temps surcomposés, la règle serait de ne faire varier que le second participe – c'est l'avis de Littré –, mais on peut aussi accorder les deux participes avec le COD qui précède. Voici l'exemple que donne Grevisse : « *Cette poire, quand je l'ai **eu mangée** ou **eue mangée*** ». Heureusement, on n'en a pas eu mangé tous les jours !

◆ Cela nous amène tout naturellement à l'accord du PP précédé du pronom neutre *en* (*de cela, une partie de cela*). Grevisse écrit que « *le participe reste d'ordinaire invariable* » qu'il soit ou non associé à un adverbe de quantité (*combien, tant...*). Le conseil nous paraît bon, car les arguments en faveur de l'accord ne sont pas vraiment convaincants. Voici l'explication que tentent les rédacteurs du site *Synapse-fr*, qui, il faut l'ajouter, sont également partisans de l'invariabilité :

> *« Voyez ces fruits, en avez-vous mangé ? »*
> *« Voyez ces fruits, en avez-vous mangés ? »*
> *Dans le premier exemple, « en » n'est pas senti comme un pluriel. Il représente plutôt une substance « massière », presque indivisible, abstraite : Des fruits, j'en ai mangé, c'est la « substance fruit » qui est mangée.*
> *Dans le second exemple, « en » représente les fruits et plus spécialement « tant de fruits mangés ».*

Après lecture, on ne peut que militer pour l'invariabilité et considérer que Dominique de Villepin, poète à ses heures et alors Premier ministre, s'est laissé entraîner à un accord fautif dans cette phrase : « *Parmi les bonnes nouvelles, nous en avons* ***reçues** *quelques-unes au cours des derniers jours* » (discours au Salon des entrepreneurs publié sur le site *premier-ministre.gouv.fr*, 1/2/06).

Mais attention, la présence de ce pronom n'entraîne pas forcément l'invariabilité. Dans la phrase suivante, l'accord est commandé non par *en*, mais par le COD antéposé, le pronom relatif *que* : « *J'ai lu Platon, voici les leçons* ***que*** *j'en ai* ***tirées*** » (*Pièges et difficultés de la langue française*).

◆ Employé seul, le PP se comporte comme un adjectif et s'accorde en genre et en nombre. Il y a cependant un certain nombre d'exceptions. Ayant lu dans *Libération* : « … ***vu*** *les profits records engrangés pour la quatrième année consécutive* » (2/1/08), Camille se demande si *vu* ne devrait pas s'accorder avec *profits* et attend (anxieuse) une réponse… Non ! *vu*, toujours antéposé comme *attendu*, a troqué son statut de PP pour celui de préposition et reste invariable.

Le cas de *passé* n'est pas aussi simple : « *Une fois* ***passée*** *(ou* ***passé*** *?) la crête...* » s'interroge Sally : eh bien, il n'y a pas de réponse tranchée et on est libre de choisir. En revanche, l'accord est obligatoire si *passé* suit le sujet : *Une fois la crête* ***passée***. Dans la même catégorie, on trouve *mis à part* et *étant donné*.

Nous avons relevé des PP solitaires, particulièrement traîtres, accordés à tort dans ces exemples tirés d'articles sur les élections législatives de 2007 : « *UMP : moins de sièges que* ****prévus*** » (*L'Humanité*, 18/6/07) ; « *François Hollande, sur TF1, a le visage soulagé de ceux qui viennent d'apprendre que la défaite est moins terrible qu'****annoncée*** » (*Le Monde*, 19/6/07). On voit que les *sièges* et la *défaite* ont influencé les accords, et qu'ils ont fait oublier les sous-entendus... Il fallait laisser ces PP invariables, car ils remplacent ici les formules « *qu'il n'était* ***prévu*** » et « *que cela était* ***annoncé*** ».

◆ Et voici l'invariable en chef : le PP du verbe *se succéder*. Malgré un emploi très fréquent, son invariabilité étonne encore. Voici le courriel de Guy, qui est très matinal : « *En une du site, en cet instant (04 h 15, lundi 30), sous le titre "Tour de France" : "... par les affaires de dopage qui se sont* ***succédé****". Ça l'"s" à désirer, non ?* » (*Le Monde.fr*, 30/7/07). Guy est loin d'être le seul à voir une faute là où il n'y en a pas. Ce verbe ne peut avoir de COD : *les affaires de dopage* ont succédé *les unes* ***aux*** *autres* : nous avons là un COI et pas d'accord.

Qui se cache derrière *on* et *nous* ?

Un sujet souvent évoqué dans les courriels est l'accord du participe passé avec les pronoms personnels *on* et *nous*. Romain signale, alors qu'il est sur la côte Est des États-Unis et regarde la vidéo du match France-Roumanie de l'Euro 2008, cette « erreur » dans le titre : « *"On s'est* ***ennuyés*** *ferme." L'auteur a accordé le participe passé au pluriel, alors que le sujet est à la troisième personne du singulier, erreur digne d'un élève d'école primaire* » (*Le Monde.fr*, 11/6/08). Le rédacteur a fait ici un accord selon le sens et non selon la grammaire : *on*, pronom indéfini, appelle normalement le singulier, mais *on* représentant ici « tous les spectateurs du match », l'accord au pluriel est possible. Tel n'est pas le cas pour *nous* quand il ne désigne qu'une seule personne : ce pluriel dit de majesté ou de modestie ne doit jamais entraîner l'accord du PP au pluriel. Recourant à l'usage de ce *nous* de « *coquetterie* » dans la thèse qu'il est en train de rédiger, un internaute trouve qu'« *un tel exercice devient périlleux dès l'instant que l'on doit accorder un participe passé. Par exemple :* [...] *j'écris "nous nous sommes ** ***attachés*** *à démontrer"* ». Ce *nous* qui n'est qu'un doit absolument être suivi d'un PP au singulier, s'accordant en genre selon le sexe du rédacteur et notre internaute se doit d'écrire : *nous nous sommes* ***attaché*** *à démontrer.*

Le participe m'a tuer !

Un titre – volontairement – fautif a attiré l'attention d'une lectrice du *Monde.fr* : « *Un peu étonnée ce matin tout de même par ce :*

"Main invisible : les subprimes m'ont tuer." Tuer *et pas* tué*, c'est exprès ? ou avez-vous décidé de définitivement tourner le dos à la grammaire ?* » (9/4/08). C'est avec ce genre de remarque que l'on se rend compte du temps qui passe (nous ne détestons point la philosophie de comptoir). Pour comprendre ce titre, il faut se souvenir d'un fait divers, qui a eu lieu au XXe siècle : une riche veuve, Ghislaine Marchal, est retrouvée morte dans la chaufferie de sa villa. Sur la porte menant à la cave, on déchiffre cette inscription accusatrice, tracée en lettres de sang : « *Omar m'a tuer* ». Le coupable désigné, Omar Raddad, jardinier de Mme Marchal, est condamné pour le meurtre. En raison des nombreuses failles de l'enquête, il sera gracié par le président de la République de l'époque, Jacques Chirac, sans que son procès ait été révisé. L'argument orthographique plaide plutôt en sa faveur : selon ses proches, Ghislaine Marchal n'aurait jamais fait une telle faute et la phrase aurait donc été rédigée par le meurtrier lui-même. Mais, à l'article de la mort, pense-t-on encore au participe passé ? Si ce fait divers est sorti de bien des mémoires, la formule, elle, continue son chemin dans la presse et dans l'édition : elle est reprise dans le titre d'un ouvrage paru en septembre 2008, *L'Open Space m'a tuer !* (Alexandre des Isnards et Thomas Zuber), dont les lettres rouges dégoulinantes évoquent un ultime message.

À part ce cas très spécial, on rencontre aussi des confusions participe passé / infinitif, dues à l'analogie phonologique – *é* et *er* se prononcent de la même façon – et peut-être à une mauvaise perception du rôle de l'infinitif. Raphaël signale, amusé, cette coquille trouvée dans un article parlant d'un proviseur révoqué : « *M. Collet* [...] *"tient à remercier tous ceux qui l'ont aidé, ainsi que le ministre de l'éducation nationale pour avoir ****examiner*** *son recours"* » (*Le Monde. fr*, 23/1/06) ; il fallait écrire « *pour avoir* ***examiné*** *son recours* ». Le journaliste n'a-t-il pas été entraîné vers l'infinitif à cause de celui qui précède le PP ? Les mécanismes de la production orthographique sont choses complexes (à méditer). Moins évidente, cette faute dans un article du *Monde* sur le pillage des palais assyriens au VIIe siècle : « [Les Mèdes] *ont donc tout détruit pour prendre le métal et ****laisser*** *l'ivoire* » (18/8/07). L'auteur a mis sur le même plan *laisser* et *prendre*, alors qu'il aurait dû aligner ***laissé*** sur *détruit*.

Dans le sens inverse, Julien signale une autre « *jolie coquille* » (nous la trouvons même superbe) : « *Personne n'a été ****chassé*** *cet hiver dans la sapinière, pourtant c'est un très bon coin pour la bécasse* » (*Libération*, 21/4/06). La confusion entre infinitif et PP ne se manifeste pas d'emblée, mais comme la chasse à l'homme n'est pas encore ouverte et que *personne* désigne uniquement un être humain, il n'y a aucun doute, « *personne n'a été* ***chasser*** *cet hiver* ». Françoise, quant à elle, ne sait plus à quel saint se vouer en lisant : « *Une des deux filles, sérieusement étrillée, se voit ****accordée*** *une incapacité de travail de sept jours* » (*Le Monde*, 14/2/06). *Se voir* sert d'auxiliaire du passif et se construit soit avec le PP soit avec l'infinitif : pour choisir, on peut recourir à une méthode, certes artisanale, mais efficace, qui consiste à remplacer la forme sur laquelle on hésite par un infinitif qui ne soit pas du premier groupe (*mettre*, *finir*…). Dans le cas qui nous occupe, il fallait écrire : « *se voit* ***accorder*** *une incapacité de travail* ».

De l'importance de l'accord du PP

Ces accords que nous venons de décortiquer servent-ils vraiment à quelque chose ? Il faut bien admettre que, la plupart du temps, leur absence ne brouille en rien le message, mais il est des cas où le fait d'accorder permet de lever des ambiguïtés et d'éviter une scène de ménage. Nous mettons l'actuel président de la République à contribution pour nous en prouver l'utilité. Cela remonte au temps où la première dame de France s'appelait Cécilia. Sur le perron de l'Élysée, Nicolas Sarkozy, fraîchement élu, tenait en sa main un poulet (une lettre, si vous préférez). Des clichés furent pris. Une fois agrandi, celui d'un photographe de l'AFP permit de découvrir que le destinataire de la lettre recevait des «*millions de besitos*». Ces baisers étaient-ils adressés au président de la République? Il s'en défendit, précisant que la lettre, adressée à sa femme, avait été écrite par une de ses amies, Isabelle Balkany. Nous ne demandons qu'à croire Nicolas Sarkozy, mais il nous faut alors admettre que l'épistolière a fait une faute d'accord, puisqu'elle a écrit: «*J'ai l'impression de ne pas t'avoir vu*». Si ce *t'* renvoyait à Cécilia, le participe aurait dû être accordé au féminin: «*J'ai l'impression de ne pas t'avoir* ***vue***»... Simple faute d'accord ou mensonge présidentiel? on ne le saura jamais.

En bref
LE PARTICIPE PASSÉ

- *Conjugué avec* **avoir**, *le PP s'accorde avec le COD (complément d'objet direct) si celui-ci est placé avant le verbe* (les fleurs que j'ai *jetées*). *Si le COD est placé après le verbe* (j'ai *jeté* des fleurs) *ou s'il n'y a pas de COD* (les fleurs ont *fané*) *le participe passé reste invariable.*
- *Conjugué avec* **être**, *il s'accorde avec le sujet du verbe, à la voix active comme à la voix passive:* les jardiniers sont *venus;* les fleurs sont *plantées.*

- *Les participes passés des verbes essentiellement pronominaux s'accordent avec le sujet :* les fleurs se sont *recroquevillées ; les accidentellement pronominaux suivent la même règle que les verbes conjugués avec* avoir : elle s'est *offert* des fleurs ; les fleurs qu'elle s'est *offertes.*
- *Le PP reste invariable :*

  – *Si le verbe est impersonnel :* elle a acheté autant de fleurs qu'il a *fallu.*

  – *Quand* fait *est suivi d'un infinitif :* les fleurs qu'elle s'est *fait* offrir.

  – *Quand le verbe n'admet pas de COD :* les jardiniers se sont *succédé.*

Jouez au correcteur.
Les participes passés vous semblent-ils bien accordés dans les phrases suivantes ?

1. Me Lienart à propos de son client, le parrain Richard Casanova : « *C'est probablement la plus forte personnalité que j'aie* **eue** *à défendre, un homme extrêmement brillant et un véritable poète lorsqu'il parlait de la Corse* » (*Le Monde*, 25/4/08).

2. Extrait des souvenirs de vacances d'une jeune fille : « *Je me suis* **offerte** *une autre image de moi* » (*Le Monde.fr*, 15/7/08).

3. Dans un article sur Françoise Hardy : « *Elle ne s'est jamais* **crue** *belle* » (*Le Point*, 20/11/08).

4. « *Le texte d'orientation présenté par Martine Aubry est une régression intellectuelle comme on n'en a pas* **vue** *depuis des années dans le parti* » (Vincent Peillon cité par *Libération*, 9/12/08).

5. « *Officiellement, l'Église s'est* **convertie** *au darwinisme* » (*Le Nouvel Observateur*, 22/1/09).

6. « [Omar Amis] *désigne ici une usine de briques détruite, là des maisons particulières, leurs propriétaires n'imaginant pas que la route*

le long de laquelle ils les avaient ***faites*** *construire allait devenir stratégique pour l'état-major israélien* » (*Libération*, 20/1/09).

7. « *Échaudée par quelques visites provinciales qu'avaient* **perturbées** *des braillards,* [...] *la Présidence a* **donné** *de strictes consignes au préfet* » (*Le Canard enchaîné*, 21/1/09).

Réponses aux pages 181 et 182.

LA MAJUSCULE

Si versale m'était contée

Au confluent de la grammaire, de l'orthographe et de la typographie trône la majuscule. Avec elle, nous mesurons le fossé qui sépare langue écrite et langue parlée. Comment signaler sa présence à l'oral, sinon par un artifice ? comme le fait ce gardien de prison, qui, interviewé par *Le Monde* sur son métier, répond : «*Je suis fonctionnaire avec un F majuscule*» (31/3/07).

Il serait erroné de croire que l'opposition minuscule-majuscule a toujours existé : les premières lettres gravées dans la pierre, anguleuses et majestueuses, destinées à frapper les esprits, même de ceux qui ne savaient pas lire, avaient une apparence de majuscules. Celles qui étaient tracées sur les tablettes de cire, les papyrus et les parchemins, plus petites et plus rondes, pour les travaux d'écriture courants, ressemblaient plutôt à nos minuscules. Il existait donc, en latin par exemple, au moins deux dessins pour la même lettre, mais pour des usages différents.

Il semble que l'idée de les utiliser en association sur un même support soit venue aux moines copistes de l'époque carolingienne. Mais d'abord avec une seule fonction pour les «grandes lettres» :

celle de marquer les débuts de vers (puis les débuts de phrase), d'où leur nom de *versales*. Il n'était pas encore question d'en doter les noms que l'on appellerait « propres » plus tard, pas même ceux des rois, ni celui du seigneur tout-puissant ! et c'est ainsi que l'on peut lire *dieu* dans tous les manuscrits de ces temps si empreints de religiosité, y compris les bibles, ou l'œuvre d'Augustin, alors que notre siècle, pourtant déchristianisé, s'obstine à écrire *Dieu*. Ce n'est pas là le moindre des paradoxes de la typographie et des typographes, qui furent souvent des libres-penseurs et des adversaires de la religion. En voici un exemple pris dans un *Livre des bonnes mœurs*, manuscrit de la fin du XIVe siècle : « *Povrete* [pauvreté] *est agreable a dieu, car povrete est vraie souffisance sanz desirier autre chose fors ce que dieu envoie a creature, et tele povrete est appelee povrete desperit, la quele dieu appreuve en leuvangile* [l'évangile]... » (cité par Jacques Stiennon dans *Paléographie du Moyen Âge*). Où l'on constate aussi que le Moyen Âge n'avait pas peur des répétitions.

La versale devient capitale

La versale est un signe de ponctuation, la marque évidente et indubitable du commencement d'une phrase, soit au début du texte, soit après une ponctuation fermante, soit derrière deux points annonçant une citation. D'où sa seconde appellation de *capitale* (ou *cap*, petit nom que lui donnent les imprimeurs), celle qui « se trouve en tête » (du latin *caput*, « tête »). Une dénomination proprement typographique, apparue au XVIe siècle avec l'imprimerie, et qui a supplanté *versale* (disparue, depuis, des dictionnaires). Parler de « capitale initiale » est un beau pléonasme, puisque la capitale est par définition la première lettre du mot ou de la phrase, laquelle se présente toujours... par la tête. Les cap étaient rangées en haut des casses des imprimeurs, les petites lettres en bas, ce qui valut à ces dernières le nom de « bas de casse », qu'elles ont conservé jusqu'à nos jours.

Que la cap soit toujours la marque du début de la phrase, nul ne le conteste, et chacun s'y conforme, ou presque. Des écrivains se sont pourtant affranchis de cette règle, ce qui, soit dit en passant, perturbe un peu la lecture, comme on peut s'en rendre compte avec cet extrait des *Amantes*, un ouvrage dont l'auteure, Elfriede Jelinek, a supprimé toutes les majuscules : *« à la fin de leur jeunesse les jeunes mâles se cherchent une femme vaillante et économe. fin de la jeunesse. début de la vieillesse. pour la femme, fin de la vie, et début des grossesses. »* Mathias Enard a choisi, pour sa part, une solution radicale : son roman, une phrase unique qui court sur 500 pages, commence par un bas de casse. En voici le début : *« tout est plus difficile à l'âge d'homme, tout sonne plus faux un peu métallique comme le bruit de deux armes de bronze l'une contre l'autre elles nous renvoient à nous-mêmes sans nous laisser sortir de rien c'est une belle prison »* (*Zone*). L'absence de capitale ouvrante suggère que l'on prend le récit en marche et que l'auteur nous a épargné – peut-être – la lecture des 500 premières pages ! Cependant, ces pratiques, pour novatrices et intéressantes qu'elles soient, sont peu significatives.

Le rôle capital de Luther

La capitale ne pouvait se contenter de rester à l'orée de la phrase : elle a fini par s'y glisser. De nombreux manuscrits du Moyen

Âge montrent une nette propension à en mettre aux substantifs jugés nobles ou importants, la transformant en un ornement, une marque de dignité. Cette tendance, que l'on constate encore aujourd'hui, vient donc de loin. L'imprimerie, quand elle a codifié l'écrit en France, est allée contre cette pratique et a réservé les capitales aux seuls « noms propres ». Il en a été différemment en Allemagne : Luther, premier traducteur de la Bible, en a mis à tous les substantifs, et les imprimeurs l'ont suivi, la capitale signalant un nom, qu'il soit propre ou commun. La lecture d'un texte en allemand offre donc la vision d'une forêt de capitales qui a pour nous quelque chose d'exotique, comme dans cette courte phrase de Franz Kafka : « *War er Soldat, Richter, Konstrukteur, Chemiker, Zeichner ?* » (*À la colonie pénitentiaire*). Six capitales, contre une seule dans la traduction française : « *Était-il soldat, juge, ingénieur, chimiste, dessinateur ?* »

Plus tard, au XVIIIe siècle, s'est imposé le terme grammatical de *majuscule* (avec son alter ego, la *minuscule*) : une sorte de perte de majesté. Venant du latin *majusculus* (« un peu plus grand », diminutif de *majus*, « plus grand »), le mot avait d'abord servi dans le vocabulaire de l'Église – avec majuscule – à désigner un dignitaire intermédiaire, *le majuscule* (ou chantre).

Malgré cette – relative – déchéance sémantique, la lettre « un peu plus grande » garde une mystérieuse aura, cristallise peut-être le caractère magique qu'ont pu avoir aux temps anciens les mots puis leurs correspondants graphiques. En tout cas, elle provoque un engouement et un respect certains : le penchant est toujours d'en mettre trop, en particulier aux fonctions, postes (même à responsabilité minime) et organismes auxquels s'attache un certain prestige. Yves Perrousseaux, imprimeur travaillant avec des collectivités locales, raconte, dans la préface de son *Manuel de typo*, sa lutte obstinée pour ne pas mettre de cap à *chef*, *commission*, *maire*, *conseil général*, qui sont des noms communs, ajoutant avec humour qu'il ne vient à l'idée de personne d'en réclamer pour *femme de ménage*. Il en va de même pour tous les titres suprêmes dont certains ont cru devoir s'affubler et dont nous espérons qu'ils appartiendront un jour au passé : *roi*, *empereur*, *pape*, *dalaï-lama*, *guide suprême*, etc. ; ce sont des noms communs au même titre que *garde champêtre*. Dans le besoin constant de « majusculer » (verbe que vous ne trouverez pas dans les dictionnaires) les fonctions, il y a sans doute une grande part de respect de l'autorité (pour ceux qui les mettent) et d'autosatisfaction (pour ceux qui les reçoivent).

Monsieur not' Maître

Derrière la capitale se cachent aussi des notions que l'on est surpris d'y trouver, à commencer par la propriété privée. Des centaines de machines ou d'objets, dont certains appartiennent à la vie de tous les jours, ont été baptisés par leurs créateurs : comme *Jeep*, *Fax*, ou *Cocotte-Minute*. Beaucoup sont devenus des noms communs et ont perdu leur cap à l'usage. Au grand dam de certaines firmes qui exigent de la presse le maintien de cette marque de leur propriété et vont jusqu'à intenter des procès en cas de non-respect (la société Caddie, qui fabrique des chariots de supermarché, est connue pour cela).

La déférence que le serviteur doit à son maître passe aussi par un usage approprié de la capitale : les mots *monsieur*, *madame* sont en général abrégés en M. et Mme dans les textes courants. Dans les dialogues, il est d'usage de mettre le mot au long (sans majuscule) quand on s'adresse directement à son interlocuteur: «*Bonjour, monsieur Untel*…» Mais un majordome, s'adressant au maître de maison, dira par exemple: «*Si Monsieur veut bien se donner la peine de passer à table.*»

Certains mots qui en imposent, comme *nation, homme, histoire,* voire *armée,* rechignent à se contenter d'un bas de casse initial, et s'enflent d'une majuscule. Il n'est pas jusqu'à *entreprise* qui bénéficie de cette dignité, comme dans ce titre relevé sur *Le Monde.fr*: «*Stress, dépression, suicide: l'Entreprise est-elle coupable?*» (12/9/08).

Quiconque se soucie de soigner son expression écrite devra donc lutter contre cette inclination quasi atavique à trop majusculer, et son mot d'ordre sera: «Plutôt moins, mais mieux.» Mais selon quelles règles?

Zoïle devient zoïle

La ligne de conduite fixée en France par les typographes, puis suivie par les grammairiens, paraît, sur le papier, d'une simplicité biblique, et en tout cas binaire: la capitale est l'apanage et le signe de reconnaissance des seuls noms propres. Pour le Petit Larousse, est «propre», grammaticalement parlant, ce «*qui désigne un être ou un objet considéré comme unique*»; et «commun», ce «*qui s'applique à un être, une chose considérés comme appartenant à une catégorie générale*». Ces définitions ne sont pas très opératoires: on partage par exemple son prénom avec des milliers d'individus, et son patronyme au moins avec les autres membres de sa famille. Ils ne nous appartiennent pas totalement « en propre ». Même chose pour les nationalités : un passeport français fait de celui qui le possède un Français (avec une cap), mais c'est une caractéristique qu'il partage avec plusieurs dizaines de millions d'individus. A contrario, il n'existe qu'un seul pape ou un seul président de la République française au même moment, mais ces mots sont dépourvus de cap. Sauf, bien sûr, si la flagornerie s'en mêle : *Le Canard enchaîné* (30/10/07) a relevé dans le *Journal du dimanche* un article où Sarkozy a droit à la majuscule à *Président*, mais pas le Brésilien Lula ni le Bolivien Morales, pourtant tout autant *présidents* !

Prennent donc la majuscule les prénoms, les patronymes – des morts et des vivants, et même des personnages de la littérature ou de la mythologie ; les noms d'agglomération, de pays, de région (ainsi que ceux de leurs habitants humains), ceux des mers, fleuves, lacs et montagnes (et les nymphes, satyres et naïades y afférents) ; les divinités, les titres d'œuvre, de journal, les noms de navire et mêmes ceux des animaux familiers, et tous les partis, organisations, entreprises et associations. Cet inventaire (qui n'est pas exhaustif) permet de délimiter ce qui prend la cap et ce qui ne la prend pas, à défaut de définition satisfaisante.

Mais ces contours restent flous : il subsiste beaucoup de cas douteux, à commencer par les noms ayant la double appartenance, *propre* et *commune*. Il faudra ainsi distinguer le chevalier romain Mécène, protecteur des arts, d'un *mécène*, ou le bourreau des cœurs du XVIIIe siècle Casanova, d'un *casanova*. En effet, certains individus ont réussi l'exploit peu commun d'apparaître deux fois dans les dictionnaires, comme personnage historique puis comme nom commun emblématique. Citons aussi un illustre inconnu, mais néanmoins doublement « dictionnarisé », Zoïle, un écrivain grec du IVe siècle avant notre ère, qui osa faire une critique mordante de l'œuvre d'Homère, et dont le nom devint presque instantanément synonyme de « critique envieux », ce qui valut à ce téméraire de perdre sa cap et de choir au rang de *zoïle*. Qui se souvient encore du ministre Silhouette ou du préfet Poubelle, dont les patronymes sont devenus noms communs ?

La littérature et la mythologie ont fourni également leur lot de personnages devenus des archétypes, donc des noms communs, surtout masculins, qui ne prennent plus la cap, comme *hercule, apollon, judas, mentor, harpagon, sosie, polichinelle, matamore* ou *pipelet* (portier dans *Les Mystères de Paris*, d'Eugène Sue). Pour les dames, citons *dulcinée* et *égérie*, sans oublier *vénus*. Le cas de Cerbère est un peu spécial car il s'agissait à l'origine d'un chien, passé dans le règne *sapiens* (sous la livrée d'un portier, lui aussi). Il existe le parcours inverse avec Méduse, dont les zoologues donnèrent sans façon le nom aux cœlentérés, ces créatures vitreuses.

Les animaux ne sont donc pas en reste, avec également Cadichon (héros des *Mémoires d'un âne* de la comtesse de Ségur), Rossinante (la monture de Don Quichotte) et surtout Renard (du *Roman de Renart*), ce nom propre ayant de surcroît supplanté l'ancien nom commun de ce rusé carnassier, qui était *goupil*. Plusieurs fleuves ont connu le même destin : Méandre ou Pactole ont été les noms propres de rivières anatoliennes, mais le souvenir s'en est estompé. Et surtout la Berezina, dont le nom est devenu, en France, synonyme de désastre, et qui doit donc être traité comme un nom commun dans ce dernier cas. En devenant communs, tous ces noms perdent leur droit à la cap, deviennent variables en nombre et peuvent donc éventuellement s'allonger d'un *s*.

Le péché capital

Les gentilés (ou ethnonymes), noms des peuples et habitants, donnent beaucoup de fil à retordre aux écrivants : il ne faut pas oublier leur cap à un Français, un Ch'ti, un Seine-et-Marnais ou un Marseillais. Tout le monde a droit à la majuscule que l'on pourrait qualifier d'« appartenance », même les peuples qui sont dépourvus d'État, comme les Kurdes, ou qui ne cherchent pas à en avoir un, comme les Gitans. Les Noirs et les Blancs, en tant que groupes ethniques, prennent la capitale.

Les adeptes d'une religion ne la prennent pas, pas plus que les religions elles-mêmes : on écrira l'islam, le catholicisme, le judaïsme, les musulmans, les chrétiens, les juifs, etc., mais pour ce dernier cas, on constate un certain flottement : dans un même numéro du *Nouvel Observateur*, qui publie un inoubliable échange épistolaire entre Bernard-Henri Lévy et Michel Houellebecq, le premier écrira : « *Je suis un juif qui se bat* », et le second lui répondra : « *Je ne crois pas aux Juifs* » (2/10/08).

Tout cela s'applique uniquement aux individus du genre humain pris seuls ou collectivement : on n'écrira pas, par exemple, le *Suédois* Volvo, pour parler du constructeur automobile, comme on le trouve trop souvent dans les médias, ni un *Percheron* pour un cheval du Perche. La cap est d'ailleurs la marque de la suprématie de l'humain sur l'animal : c'est elle qui permettra de faire la différence entre un Pékinois (habitant de Pékin) et un pékinois (chien de compagnie), un Danois (ressortissant du royaume du Danemark) et un danois (chien de garde), un bengali (petit passereau) et un Bengali (habitant du Bengale).

Les typographes ont décidé en revanche, péchant contre la logique que nous venons d'exposer, que les noms de langue ne seraient pas gratifiés d'une cap, dans le louable but de les distinguer des ethnonymes, et deviendraient de simples noms communs. Donc un Français parlera *français* et, pourquoi pas, *anglais*. Et, naturellement, les adjectifs désignant les langues et les nationalités n'en prennent pas non plus.

Dans cette partie de billard à trois bandes (le même mot pouvant être tour à tour nom propre, nom commun ou adjectif), souvent l'écrivant trébuche, comme dans le fameux éditorial du *Monde* après les attentats du 11-Septembre, intitulé «*Nous sommes tous Américains*», où le A majuscule n'avait pas lieu d'être puisque *américains* n'était que l'adjectif attribut de *nous* et pas un substantif. Ou ce titre du *Courrier des Balkans* (9/08): «*Les fumeurs roumains préfèrent les Américaines*», où la majuscule est également superfétatoire, puisque lesdites *Américaines* sont en fait des cigarettes. Parfois, l'usage de la capitale est volontairement fautif, car il permet le jeu de mots, comme dans un écho du *Canard enchaîné* sur les machines à voter défectueuses en Floride: «*Ça se Corse, si l'on ose dire…*» (1/10/08).

Tout le monde ne trébuche pas, cependant, comme dans ce titre du *Nouvel Observateur* sur la pénurie de médecins en France: «*Mon toubib est roumain*» (2/10/08). Un papier du *Monde* sur les «*Brasiguaios*» (Brésiliens) du Paraguay se joue de tous les écueils et distribue à la perfection capitales et bas de casse: «*Il est marié à une Paraguayenne, Fatima, qui est enseignante. Elle note que "les enfants des Brasiguaios parlent guarani", la langue officielle, au même titre que l'espagnol, qui est parlé par 90% des Paraguayens*» (30/9/08).

La situation se complique de ce que beaucoup de noms ethniques prennent une signification politique qui les fait devenir noms communs et perdre la cap : comme ces «*afghans*», islamistes marocains de Tétouan, qui «*tentent d'imposer leur loi, surtout aux femmes*» (*Le Monde*, 30/9/08). Ou jadis les «*katangais*» (les mercenaires blancs au Katanga), et les «*chinois*» (les maoïstes dans les pays occidentaux). «*Européen*» peut être tout à la fois nom ethnique et caractérisation politique (partisan de l'Europe politique). En voici des exemples, parus le même jour : «*Les socialistes se rappellent qu'ils sont des européens*» (université d'été du PS à La Rochelle en 2008) ; l'affaire géorgienne de juillet 2008 «*a resserré les rangs des Européens et fait taire leurs divergences sur l'attitude à adopter à l'égard de la Russie*» (*Le Monde.fr*, 29/8/08).

Également par convention typographique, il a été décidé que les produits du terroir, même prestigieux, deviendraient noms communs. Ainsi, on boira du gigondas à Gigondas, on mangera du roquefort à Roquefort (et des soles à Limassol... comme le chantait Dutronc). Même logique pour les monnaies reprenant le nom du monarque qui les a fait battre : les louis et les napoléons. Mais un musée fera l'acquisition d'un Picasso, et non pas d'un *picasso*. Et les noms propres adjectivés gardent même leur cap ! On écrira *un col Mao* ou *un fauteuil Louis XV*.

Cap à l'Ouest

Il faut faire un sort particulier à la Terre, à la Lune et au Soleil. Ces astres prennent naturellement la cap. Mais ils nous sont tellement proches et banalisés qu'ils la perdent dans beaucoup de circonstances. On écrira *revenir sur terre, être dans la lune, avoir le soleil en face*. Dans la traduction par *Le Monde* d'une phrase de Ted Kennedy: «*Oui, on peut atteindre la lune*», le satellite de la Terre n'a pas sa cap, mais il est vrai que cette phrase jouait sur les deux sens de Lune: l'astre où a été planté le drapeau US et l'objet inaccessible (27/8/08). Où l'on constate qu'un petit contre-courant anti-cap existe en marge de la majusculite ambiante.

Les points cardinaux ne sont pas dotés de la cap quand ils indiquent une direction géographique, mais en prennent une quand ils ont leur sens politique. Quand les deux sens sont en concurrence, c'est plutôt le politique qui l'emporte, et donc la cap: un agent soviétique *qui passait à l'Ouest* changeait de camp mais prenait aussi la direction de l'ouest.

Les aléas de l'histoire ont aussi donné à certains noms communs un statut de nom propre, avec la cap de rigueur, mais seulement pour ce sens historique: ainsi de Résistance, Occupation, Collaboration, pour le XXe siècle. Idem pour les grandes périodes historiques, comme l'Antiquité ou la Renaissance, qui restent des noms communs par ailleurs. Sont dans le même cas les allégories, personnifications ou déifications, comme celle-ci, de Sartre, qui décrivait en 1960 Cuba étranglée par «*l'implacable déesse Canne*».

Certains mots, peu nombreux mais très usités, empruntent la majuscule pour marquer une différence sémantique, ce qui ne les transforme pas pour autant en noms propres. C'est le cas d'Église (pour distinguer l'institution de l'édifice), État, Trésor, Constitution, Assemblée, Parlement (dans leur sens politique ou en tant qu'organisme unique), Bourse ou Toile. Cette espèce de dédoublement donne l'occasion d'innombrables jeux de mots et doubles lectures (volontaires ou non), surtout autour d'État et état, comme dans ce titre : « *Angolagate : une affaire dans un piteux État* » (*Le Canard enchaîné*, 1/10/08). Ou ce vers d'une chanson de Serge Gainsbourg interprétée par Isabelle Adjani : « *Je suis dans un état proche de l'Ohio.* » Nous ferons grâce de tous ceux qui peuvent tourner autour des Bourses...

Pour bien majusculer, il faut donc savoir reconnaître ce qui relève du « propre » et du « commun », distinguer un adjectif d'un substantif et apprendre les conventions typographiques, qui s'écartent parfois de la logique grammaticale afin d'éviter les ambiguïtés. « *Elle est belle, ma romaine* », entend-on sur un marché à Rome, dans un album d'Astérix : une cap à *romaine* aurait pu induire en erreur sur la nature du commerce auquel se livrait le vendeur ! Il faut aussi ne pas tomber dans le travers de la « surcapitalisation ». Qui prend sans doute son origine dans une vision plus ornementale et ennoblissante de la majuscule. Dans la presse écrite, les papiers se hérisseraient de majuscules si les correcteurs, secrétaires de rédaction et réviseurs n'y mettaient bon ordre. Leur combat, comme la mer, est sans cesse recommencé. Et enfin, qu'il nous soit permis ici de tordre le cou à une légende : les capitales doivent être accentuées. Si la presse et l'édition se dispensent souvent de le faire, ce n'est pas en vertu d'une règle : du temps de l'imprimerie au plomb, les capitales accentuées, caractères particulièrement fragiles, se brisaient fréquemment, et les typographes se sont pour cela souvent abstenus de les utiliser. Cette raison technique n'est plus recevable maintenant.

L'ART D'ACCOMMODER LES TITRES

La présentation typographique des titres d'œuvre fait l'objet, en France, d'un consensus assez large. Le premier substantif prend la cap ainsi que son article défini, s'il en a un. Si un adjectif suit, il reste en bas de casse : *L'Oreille cassée* ; s'il précède le substantif, il prendra la cap également : *Les Sept Boules de cristal*. C'est la majorité des cas de figure (et pas seulement chez Tintin). Si le titre commence par un mot qui ne soit ni un article défini, ni un substantif, ni un adjectif, ce mot seul prend la cap : *Au pays de l'or noir, Un bon petit diable*. Si deux (ou plus) personnages, notions, idées sont mis sur un même plan, ils prennent tous la cap, configuration très fréquente dans les fables de La Fontaine : *Le Mari, la Femme et le Voleur*. Mais l'on écrira : *L'Huître et les deux plaideurs*, l'ostréidé, premier substantif, n'étant qu'un enjeu entre les plaideurs, ceux-ci ne peuvent être mis sur le même plan que lui. Si le titre forme une phrase complète avec verbe, seul le premier mot prend la cap : *Les affaires sont les affaires*.

Les noms d'organisation ou d'entreprise offrent beaucoup moins de variété que les titres d'œuvre, mais suivent les mêmes principes. Si l'on prend les trois principaux syndicats ouvriers, et que l'on « développe » leur sigle, cela donne : Confédération générale du travail, Confédération française démocratique du travail et Force ouvrière : bien qu'elles luttent contre le capital, ces formations prennent la capitale au premier substantif.

C'est sur l'application des cap aux ministères que les organes de presse divergent le plus. Le site Internet d'information *Backchich* titrait ainsi le 5/9/08 : « *Petite gabegie au Ministère de l'Agriculture* », représentant la tendance maximaliste. *Le Monde*, illustrant plutôt la tendance minimaliste, ne met aucune cap aux ministères (à notre avis à bon escient, parce que la dénomination d'un ministère se rapproche plutôt du nom commun que du nom propre), la majorité des médias écrits mettant une cap à l'objet du ministère : *ministère de l'Agriculture*.

En bref
LA MAJUSCULE

- *La majuscule marque le début de la phrase, et cela a longtemps été sa seule fonction.*
- *Avec l'imprimerie, elle est également devenue le signe de reconnaissance des noms propres.*
- *Elle permet de différencier les sens de certains noms communs:* État *(au sens politique) et* état *(manière d'être);* Église *(institution) et* église *(édifice).*
- *Les scripteurs ont tendance à doter indûment beaucoup de noms communs de la majuscule, l'utilisant comme une marque de distinction ou de déférence.*

Les correcteurs ont-ils eu raison de laisser passer ces majuscules dans les titres suivants?

« *Cyclisme: Armstrong reparti pour un Tour* » (*20 Minutes*, 11/9/08).

« *Congrès: un PS toujours pas très Net* » (*Libération*, 10/10/08).

« *En visite chez Aubry, Delanoë ne veut pas perdre le Nord* » (*Libération*, 9/10/08).

Réponses à la page 182.

Les prospérités du vice syntaxique

Au Salon de l'agriculture, le 25 février 2008, une altercation opposa Nicolas Sarkozy, président de la République, à un visiteur anonyme. Leur bref et vif échange, dont le vocabulaire et la syntaxe ne relevaient pas de la langue soutenue, constitue un précieux témoignage de langue parlée spontanée du début du XXIe siècle, saisi par les micros, puis reproduit par la presse (plus ou moins fidèlement), et donc gravé pour l'éternité. Le lecteur se souvient peut-être des invectives qu'ils se jetèrent à la tête. Le président, parcourant les allées, tend la main à un homme qui passait par là ; celui-ci la refuse en s'écriant :

« *Ah non ! touche-moi pas !*

– *Casse-toi, alors.*

– *Tu m'salis.*

– *Casse-toi, alors, pauv'con, va !* » (La transcription, à partir de la vidéo qui a circulé sur Internet, est de notre cru.)

Ce court dialogue a été repris par la plupart des journaux, mais leurs versions diffèrent sensiblement, preuve que le rendu de l'oral par l'écrit n'est pas une science exacte. *Libération* a été le plus fidèle à la lettre de l'altercation, respectant même l'élision *pauv'*; *Le Monde* s'en éloigne le plus, en présentant une version remise en scène: le visiteur dit sa « tirade » d'une traite, et le président lui répond d'une autre, ce qui fausse l'échange. L'élision présidentielle n'est pas reproduite, pas plus que celle du visiteur. Le *ah non !* initial et le *va !* final sont aussi laissés de côté. Mais il est des nuances bien difficiles à restituer, telles que l'intonation, le débit... C'est là qu'intervient la ponctuation, qui, elle aussi, varie fort selon les organes de presse; *Libération* utilise une débauche de points d'exclamation, qui donnent une grande véhémence, alors que *L'Humanité* n'en place qu'un, après « *touche-moi pas* », ce qui atténue un peu la virulence du dialogue: ponctuation est déjà interprétation.

Cette brève algarade n'a duré que quelques secondes, et dix-sept mots. On imagine tout le miel qu'en feront les historiens dans trois mille ans. Car il est bien rare de disposer des termes exacts, pris sur le vif, prononcés lors des scènes « historiques ». Qui ne voudrait entendre Diogène et Alexandre lors de leur célèbre rencontre, le premier demandant effrontément au second de ne pas lui faire de l'ombre. Que les deux illustres personnages de l'Antiquité, du haut de leurs Champs Élysées, ne prennent pas ombrage de la comparaison des deux scènes, laquelle pourrait leur paraître peu flatteuse: elle ne répond qu'à des fins didactiques !

Le président a parlé *franco*, sans contrainte: il n'a pas lissé son message comme le font le plus souvent les responsables quand leur parole est publique.

En fait, il existe quelques occasions de lire, couché sur le papier, du français parlé, du véritable, de l'authentique, qui n'ait pas été réécrit. C'est le cas des paroles prononcées dans les prétoires par les prévenus ou les témoins, qui, pour la plupart, sont des petites gens ; des interviews de personnes impliquées dans des faits divers, de grévistes ou de manifestants, de sportifs... Ce français comme on le parle émaille aussi les reportages réalisés dans la « France profonde » – qui commence dès la banlieue. Moins les gens interrogés sont connus, plus leur témoignage est livré « brut de décoffrage ». À l'inverse, et c'est même une loi non écrite, plus les interviewés sont éminents, plus leurs déclarations sont débarrassées de leurs scories diverses, et leur syntaxe, réajustée. En d'autres termes, les hauts personnages ne parlent parfois pas différemment du commun des mortels, mais ce fait est souvent masqué.

Avec des vrais morceaux de français

Ces citations sont des pépites de français parlé. Bien sûr, elles sont en général très courtes, parfois détachées de leur contexte, et les paroles ont souvent été prononcées dans des circonstances très particulières, dans le cadre intimidant d'un tribunal ou devant le micro d'un journaliste. Certaines ont probablement été un peu retouchées par les secrétaires de rédaction et les correcteurs, et tout ce qui relève de la typographie (ponctuation, majuscules) a été laissé à leur appréciation, ainsi que la transcription d'éventuelles formes homophones : *je serais* et *je serai* sonnant pareil, c'est au rédacteur d'interpréter s'il s'agit d'un futur ou d'un conditionnel. Dans une de nos citations, apparaît une *petite fille* qui est manifestement une *petite-fille*, si l'on se fie au contexte (la différence n'apparaissant évidemment pas à l'oral), et nous nous sommes permis de rajouter le trait d'union absent. Ajoutons que nous ne savons rien de la formation de la plupart des locuteurs, ni même, dans plusieurs cas, si le français est leur langue maternelle. À ces réserves près, ces citations forment un corpus qui ne permet pas de tirer des conclusions définitives, mais au moins de discerner des tendances. Ce matériau manque presque totalement pour les siècles passés : il est rare que des gens se soient préoccupés de reproduire exactement des paroles telles qu'elles furent prononcées, à part quelques exceptions, comme le fameux *Journal* du médecin Héroard, écrit au début du XVIIe siècle. L'éducation du futur Louis XIII lui avait été confiée, et il consigna minutieusement toutes les paroles de l'enfant, comme les moindres faits concernant sa santé ou son alimentation, ce qui constitue un témoignage unique du parler enfantin de cette époque.

Une grammaire du français parlé pourrait s'appuyer sur de telles citations, à l'image de ce qui se fait dans les grammaires classiques, qui accumulent les exemples tirés des grands auteurs.

Nous laissons volontairement de côté le langage parlé tel qu'il se trouve dans la littérature, car il a forcément un côté artificiel et « écrit ». Même si beaucoup de dialogues, du *Roman de Renart* à Molière ou à Giono, en passant par Maupassant rendent un son très authentique. Une auteure très lue entre les deux guerres mais aujourd'hui tombée dans l'oubli, Thyde Monnier, avait même affirmé que ses dialogues populaires étaient la reproduction exacte de phrases entendues par elle dans les rues et les marchés de Marseille et notées sur-le-champ.

Les écarts syntaxiques du français parlé finiront-ils par devenir la norme ? Sont-ils en quelque sorte la préfiguration du français écrit de l'avenir ? Beaucoup le pensent et l'écrivent, le plus souvent pour le déplorer et redouter un appauvrissement de la langue.

Le « ne » introuvable

Le français a inventé la négation à deux termes – *ne... pas, ne... plus, ne... point, ne... guère, ne... rien* [1] –, s'éloignant en cela du latin et de la plupart des autres langues romanes, qui ont conservé la négation unique. Or la langue parlée se passe fréquemment du *ne*, pour ne conserver que le second élément, les locuteurs de tous les milieux adoptant cette simplification : par un retournement de l'histoire, c'est la « vraie » négation qui disparaît, chassée par le mot qui n'était au départ chargé que de la renforcer. Tous les linguistes l'ont constaté. Voici un florilège de citations illustrant cette omission.

À son procès en avril 2008, un homme du milieu (et nous ne parlons plus du milieu social), « saucissonneur » de son état, et assez peu instruit, Marc Hornec, s'adresse en ces termes à la présidente du tribunal : « *Je vous dis pas que je suis un saint* » (*Le Monde*, 24/4/08).

Un gréviste anonyme du restaurant KFC (que personne n'en conclue, après avoir cité un truand, que nous assimilions la grève à la délinquance), devant le refus de la direction d'augmenter les salaires, déclare à un journaliste : « *Pourtant, chez KFC, c'est pas l'argent qui manque* » (*L'Humanité*, 15/6/07).

Adelina, ouvrière en confection à Roubaix, interrogée par *Libération* avant le second tour des élections législatives de 2007,

1. Il y en avait bien d'autres : *ne... goutte*, qu'on trouve dans l'expression « n'y voir goutte », *ne... mais* dans « n'en pouvoir mais », *ne... miette, ne... mie*, qu'emploie Scarron : « *Et messieurs de l'Académie / Ne me le pardonneraient mie* » (*Le Typhon ou la Gigantomachie*).

explique : « *Les gens, quand ils votent, ils ont l'impression de jamais être écoutés. Alors, ils y retournent pas* » (15/6/07). Même un Bernard Kouchner peut faire l'omission ; lors de son mandat au Kosovo, interrompu par un conseiller qui lui demande d'accueillir une délégation d'écolières, il répond : « *J'ai pas que ça à faire* » (*L'Express*, 24/5/07). Parfois, en prime, on constate la « remontée » du *pas*, devenu solitaire, avant le verbe. D'anciens camarades d'école d'un homme trouvé reclus depuis des décennies parlent de son enfance : « *On l'avait pris sous notre aile pour pas qu'il se fasse piquer ses billes* » (*Libération*, 17/7/08).

Cet effacement du *ne* n'est pas une nouveauté. Sans pourvoir affirmer qu'il remonte à la nuit des temps, contentons-nous de noter que, selon Héroard, le futur Louis XIII omit lui aussi le *ne* dans ses jeunes années, avant de se corriger : « *Non, je tire pa bien* » ; « *Je pui pa resoudre cela* » (cité dans la *Nouvelle Histoire de la langue française*). Cette pratique n'affecte pas la presse et reste marginale dans l'édition. Les écrivains, quand ils s'affranchissent de cette règle, le font pour obtenir des effets de style et jamais systématiquement, tel Céline : « *Il est pas jaloux pour un sou. Il demande plus grand-chose au monde* » ; « *Sur la fin, ma vieille bignolle, elle ne pouvait plus rien dire* » (*Mort à crédit*). En revanche, un pamphlet moquant la « belgitude », *La vie est belge,* de Jan Bucqoy, pratique l'omission du *ne* à grande échelle, mais la préface précise que ce serait un belgicisme.

La guerre des pronoms

On s'en doutait un peu, et les citations qui suivent l'illustrent, le pronom *nous* est surclassé par *on* à l'oral, et cela dans toutes les couches de la société. Peut-être parce que la troisième personne du singulier, qu'il appelle, est d'emploi plus simple que la première du pluriel.

Deux prévenus, accusés d'avoir agressé des homosexuels, tentent de se justifier devant le juge : « *On était un peu remontés.* [...] *Dès qu'on a vu les homos, ça nous a chauffés* » (*Le Monde*, 17/8/07). Même le « beau linge » y a recours ; un élu UMP, membre de l'équipe de campagne de Sarkozy, laquelle vient d'intégrer Besson, transfuge du PS, évoque son cas : « *On s'est habitué. Et puis on s'est demandé si ça pourrait nous arriver de nous retrouver dans sa situation. On a bien réfléchi. Et on s'est dit que non* » (*L'Express*, 24/5/07). Dans le premier cas, *Le Monde* a (justement) transgressé la grammaire, en mettant *remontés* au pluriel (accord selon le sens). *L'Express*, pour sa part, l'a respectée en n'accordant pas, alors que ces *on* cachaient manifestement des *nous*.

Il y a même la variante *nous, on*, doublet pronominal, comme dans ce témoignage de Salvatore, « Toyota member » à Valenciennes (un ouvrier, dans le jargon du constructeur automobile), recueilli par *L'Humanité* : « *Nous, on peut aussi être muté sur un autre poste du jour au lendemain, vu qu'on est censé connaître tous les boulots d'un atelier* » (11/4/08). Pour l'absence d'accord, *L'Huma* est sur la même ligne – grammaticale – que *L'Express*. Cette variante peut se compliquer par l'intercalation du complément direct entre les deux pronoms : « *Nous, l'armée, on ne connaissait pas* », déclare Mlle Buil, la mère d'un jeune soldat tué en Afghanistan (*Nouvel Observateur*, 18/9/08).

À l'oral, cet emploi de *on* à la place de *nous* était déjà répandu au XVIIe siècle, selon Mireille Huchon (*Histoire de la langue française*). Mais à l'écrit, *on* n'est pas en passe de supplanter *nous* et encore moins de le faire disparaître. Les écrivains peuvent même profiter de cet élargissement de la palette pronominale pour en jouer à des fins stylistiques.

« Le fils à Gérard »

Combien de fois ne nous l'a-t-on pas répété à l'école, on ne va pas *au coiffeur*, mais *chez le coiffeur*, et l'emploi de *au* dans ce contexte est le signe infaillible du manque d'instruction. Disons en passant qu'« aller chez le coiffeur » est ambigu, puisque cela signifie aussi bien lui rendre une visite personnelle, chez lui, qu'aller se faire couper les cheveux dans son salon de coiffure. Le Petit Robert définit *aller au coiffeur* comme « populaire », certes, mais aussi comme « vieux ». Ainsi, cette femme, habitant à Sevran, dans la banlieue parisienne, qui se plaint des jeunes générations – « *À la maison, si le père il leur donne une claque, les voilà au psychologue, ou à l'assistante sociale* » (*Le Monde*, 17/4/08) –, serait certainement étonnée d'apprendre qu'elle use d'un archaïsme.

L'emploi de la préposition *à* à la place de *de* devant les compléments de nom est un autre signe infamant du français populaire : il est donc du dernier vulgaire de dire *le fils à Untel* au lieu de *le fils de*, comme le fait Marc Hornec à son procès : « *Laisse le camping-car chez le fils à Gérard !* » (*Le Canard enchaîné*, 30/4/08). Pourtant, cette tournure fut très correcte tout au long du Moyen Âge et jusqu'à la Renaissance. Nous la trouvons dès le XIe siècle dans la *Chanson de Roland*, premier « monument » de la littérature française, notre *Iliade* : « [Oliver] *filz* ***al*** *riche duc Reiner* » (Olivier, le fils **du** puissant duc Reinier) ; dans *Aucassin et Nicolette*, chantefable de la première moitié du XIIIe siècle : « *Se j'estois fix* **a** *roi* » (si j'étais fils **de** roi), ou encore, car il n'y a pas que des fils de roi : « *Malvais fix* **a** *putain* » (sale fils **de** putain) ; et aussi chez Ronsard : « *Sœur de Pâris, la fille* **au** *roy d'Asie* ». L'expression *fils à papa,* toujours bien vivante, est un vestige de cet emploi, qui n'en est pas moins qualifié de *vicieux* par le dictionnaire Littré. Où va se nicher le vice (syntaxique) ! Cet emploi *vicieux* ne semble pas avoir pénétré l'écrit (ou plutôt re-pénétré).

L'« il » flottant

Le langage parlé se passe parfois du pronom de conjugaison *il,* qui disparaît souvent devant le verbe impersonnel *falloir.* Des grévistes sans papiers de Buffalo Grill rapportent les propos de leur chef : « *Vous avez de faux papiers. Faut démissionner* » (*Le Monde,* 15/6/07). Ladji Doucouré, avant la finale du 110 mètres haies aux JO de Pékin, parle de son principal concurrent, Robles : « *Faut pas le laisser en confiance* » (*Le Parisien,* 21/8/08). Juste après avoir dit : « *Maintenant il va falloir se* **fighter** *avec lui dès le départ.* » Nous ne pouvons nous empêcher de souligner cette francisation en « er » du verbe anglais *to fight* (combattre) et sa pronominalisation. Peut-être Ladji l'a-t-il employé en pensant à *se fritter* ou *se frotter* ?

Le *il* de la locution *il y a* tombe également très souvent. Marc Hornec, une vieille connaissance désormais : « *Y a rien contre moi* [dans le dossier] » (*Le Canard enchaîné,* 30/4/08), ou Alexandra, étudiante et employée KFC, qui déclare : « *Franchement pour être étudiant aujourd'hui, faut avoir des tunes ! Y a pas le choix* » (*L'Humanité,* 15/6/08).

Cette chute du *il* n'est pas nouvelle. Selon le *Robert historique*, le *il* employé impersonnellement fut volontiers omis, de l'ancien français au XVIIe siècle. Elle n'a pas non plus gagné l'écrit et n'est, elle aussi, qu'une sorte de retour aux sources : les pronoms de conjugaison ont longtemps été peu utilisés et ont mis des siècles avant de s'imposer. Dans ces vers de la deuxième « laisse » (ou strophe) de la *Chanson de Roland*, sur trois formes verbales devant lesquelles nous mettrions aujourd'hui le pronom *il*, deux en sont dépourvues :

Lei reis Marsili esteit en Sarraguce :
***Alez** en est en un verger suz l'umbre ;*
*Sur un perrun de marbre bloi **se culched**, [...]*
***Il** en **apelet** e ses dux e ses cuntes.*

Le roi Marsile se tient à Saragosse.
Dans un jardin, à l'ombre, [il] est allé ;
Là [il] s'allonge sur un bloc de marbre gris, [...]
Lors il s'adresse à ses ducs et ses comtes.

Le poète n'a senti la nécessité d'ajouter un pronom qu'à partir d'un certain éloignement du sujet (« le roi Marsile »).

« Ça » s'impose et « le » s'efface

Le pronom démonstratif *ça*, « *forme syncopée de cela* », selon la formule du Petit Robert, et repéré dans l'écrit dès le XVIIe siècle, mange la laine sur le dos de *cela* – et parfois de *ceci* – à l'oral. Thomas Fersen, chanteur, interviewé par *Le Nouvel Observateur*, avoue : « *Ça fait un bout de temps que j'ai envie de traiter du thème de la fuite*» (18/9/08) ; Paul-Loup Sulitzer, auteur à succès des années 1980, aujourd'hui déchu, ne se laisse pas toucher par les sarcasmes : «*Je n'ai pas de peine d'orgueil. Si ça amuse la galerie, ça sert au moins à ça*» (*Le Monde*, 25/11/08) ; Marie, une femme qui a de sérieuses difficultés avec l'écrit, se confie : «*Les mots sont bien dans ma bouche, mais dans l'écriture, ce n'est pas ça !*» (*Le Figaro*, 17/9/07) ; Marc Hornec, toujours lui, explique : «*Madame la présidente, vous savez, on est dans un quartier où les gens, y font que ça, ils volent des voitures*» (*Le Monde*, 24/4/08). Il est rare de trouver *cela* dans notre corpus (et a fortiori *ceci*). Cela ne veut pourtant pas dire que ces pronoms ont disparu à l'oral, car, dans certains emplois, ils ne sauraient être remplacés par *ça* : si les formes correctes *cela dit, cela étant* cèdent souvent la place à *ceci dit, ceci étant*, elles ne se sont jamais transformées en *ça dit* ou *ça étant*, et certains se souviennent sans doute du faussement classieux «*c'est celâ*», popularisé par le film *Le Père Noël est une ordure*.

À l'écrit, *cela* reste ferme sur ses positions, où il ne semble pas près d'être supplanté par *ça*, qui reste la marque d'un certain relâchement. Là encore, les écrivains en usent à leur guise, dans les dialogues, comme Proust qui met cette phrase dans la bouche de Mme Verdurin «*Ça ne devrait pas être permis de jouer Wagner comme ça*», ou les récits dans la lignée célinienne : «*Ça avait un petit air coquet, tout ça, pimpant, frais de vie*» (Jean Meckert, *Les Coups*).

Ne quittons pas les pronoms (le lecteur perspicace aura compris qu'ils jouent un grand rôle dans les écarts par rapport à la norme, et même un rôle *majeur*, pour reprendre la langue de bois de la presse) et notons l'omission très fréquente du pronom complément direct *le*, représentant une proposition ou une idée exprimée avant ou après. Ainsi Meriem, écrivaine publique à Sevran, parle de la vie de sa cité : « *Oui, mais le problème, on* [le] *sait bien, c'est que les gardiens ils ne vivent pas là* » (*Le Monde*, 17/4/08), ou Marc Hornec, auquel on finirait presque par s'attacher : « *Je* [le] *dis sincèrement, hein, je parle du cœur, moi, j'ai un très grand respect pour les personnes vulnérables et tout* » (*Le Monde*, 24/4/08). Le *Larousse du XX*e *siècle* (publié en 1928) note que ce pronom « *s'omet assez fréquemment* » à l'oral, sans porter de jugement sur cette faute qui lui paraît vénielle. En tout cas, il n'y voit pas de « vice », et celle-ci ne semble pas être en voie de s'introduire dans l'écrit.

Les pronoms, ils en rajoutent

Une opération contraire consiste à ajouter des pronoms qui ne sont pas nécessaires, pour bien souligner le propos, comme dans cette déclaration de Mustafa à la sortie du procès de l'agresseur de son fils : « *Je trouve pas* **ça** *normal qu'il puisse être dehors* » (AFP, 20/8/07). Cette façon de procéder prend toute son ampleur avec ce que les linguistes appellent la « dislocation » de la phrase : le sujet (un nom ou un pronom) est immédiatement suivi par un pronom de reprise : *Untel, il*... Cette construction emphatique (on parle d'« emphase syntaxique ») très fréquente est une des marques de l'oral. Germain, infirmier à la retraite, interrogé sur l'évolution du pouvoir d'achat, procède ainsi pour presque toutes ses phrases : « *Sarkozy, il a fait des promesses... Ma femme, elle a travaillé quarante ans dans une clinique privée... Chez Cora, les gens, ils ne sortent plus avec des chariots aux trois quarts pleins... Le président, il dit qu'il faut de la patience...* » (*Libération*, 5/5/08).

Il en va de même pour ces habitants de Lussaud, dans le Cantal, jugés pour avoir agressé Pierre Jourde, auteur d'un livre qui les mettait en scène sous un jour peu flatteur: *«Ce livre, il a mis de la méchanceté dans le village»*; «[Il a dit] *que ma petite-fille, elle avait été élevée au cassis dans le biberon. Ma petite-fille, elle va au collège, en sixième, et elle est la première de la classe!»* (*Le Monde*, 22/6/07). Djamila, employée d'un supermarché Casino à Marseille, réprouve le comportement de certains clients désargentés: *«Eux, ils viennent manger dans les rayons, ouvrent des paquets de sandwichs, du chocolat...»* (*Le Monde*, 23/9/08). Il arrive que les deux sujets juxtaposés soient encore renforcés par un *j'ai*, qui joue un rôle de «présentatif» (comme *c'est*, *il y a*): *«J'ai ma sœur, elle était handicapée mentale. Il a dit des moqueries dessus»* (procès des habitants de Lussaud). Et même par un *moi, j'ai*: *«Moi, j'ai ma mère, elle a 75 ans, ma grand-mère, elle a 98 ans»* (Marc Hornec, *Le Monde*, 17/4/08). Parfois, on finit par se perdre dans la cascade de pronoms, comme dans cet exemple: *«J'ai un gendre, il a dit qu'il avait une tête de sanglier»* (Lussaud): le premier *il* renvoie à Pierre Jourde, le second, à *gendre*. «Dépliée», cette phrase pourrait donner: *Il a dit que mon gendre avait une tête de sanglier.*

La dislocation remonte à très loin. Claire Blanche-Benveniste, dans un article intitulé «Le rôle du français parlé dans les évolutions syntaxiques» (*L'Information grammaticale*, n° 94, juin 2002), rappelle qu'elle apparaît dès les premiers textes français: *«Rex Chielperings il se fud mors»* («Le roi Chilpéric, il mourut», *Vie de saint Léger*, Xᵉ siècle). Il y en a plusieurs exemples dans la *Chanson de Roland*: *«Li quens Rollant, il est mult irascut»* («Le comte Roland, il est très irrité»); *«Li nies Marsilie, il est venuz avant»* («Le neveu de Marsile, il s'est avancé»). Il faut noter que cette reprise avait au Moyen Âge un sens *mult* plus fort que maintenant, et l'on pourrait traduire la première citation plutôt par : « Le roi Chilpéric, voici qu'il mourut. » Les grammairiens réprouvèrent souvent ce « il *pléonastique* » ou encore « *surabondant* ». Nous en trouvons un écho dans le dictionnaire Littré (publié à la fin du XIXe siècle), à l'entrée « Il ». Lequel déclare que cette pratique a été très prisée par les auteurs des XVIIe et XVIIIe siècles et qu'elle régresse désormais (à son soulagement manifeste), tout en reconnaissant qu'elle n'est pas dépourvue de « *grâce* » en certaines occasions.

La dislocation peut aussi se traduire par l'irruption du complément d'objet en tête de phrase, repris par un pronom. L'accent est mis alors, et toujours de manière emphatique, sur le complément et non plus sur le sujet. Jean-Bernard, un cheminot militant CGT à Rouen, à propos des caisses de retraite SNCF, précise : « *Notre retraite, on se la paie intégralement* » (*Le Monde*, 18/9/07). Une des prévenues du procès de Lussaud accuse : « *Ma mère, il l'a traitée de sulfureuse.* » Et toujours Marc Hornec, dont les propos sont rapportés par *Le Canard enchaîné* : « *Dans ma famille, les personnes âgées, on les aime…* » (30/4/08).

Cette tournure orale renverse cul par-dessus tête l'ordre canonique sujet-verbe-complément (SVC), qui devient alors CSV. Les linguistes parlent de « thématisation » du COD, c'est-à-dire que le thème de la phrase (ce dont on parle) n'est plus le sujet mais l'objet.

« C'est cadeau, ça ! »

Très présentes à l'oral également sont les locutions *c'est*, *il y a* (ou *y'a*), que les grammairiens appellent des « présentatifs ». Karim Achoui, avocat de Marc Hornec, fait l'éloge de son client (qui est aussi un bon client pour nous) : « *C'est un gentleman, un seigneur, attaché à sa famille* » (*Libération*, 18/9/08). Le même cite avec agacement des truands attablés près de lui au restaurant, qui l'interpellent publiquement en ces termes : « *C'est bon le manger, maître* » (*ibid.*). Guillaume Gallienne, comédien, s'exclame à propos d'une brève de comptoir qui l'a enchanté – et que nous reproduisons plus loin : « *C'est cadeau, ça !* » (*Le Nouvel Observateur*, 18/9/08). Une amie de Meriem lui conseille d'aller voir *Bienvenue chez les Ch'tis* : « *C'est un film français où il y a pas de violence, juste un peu de bière, mais bon* » (*Le Monde*, 17/4/08). À leur procès, les agresseurs anti-homos, déjà cités, constatent hypocritement : « *C'est leur problème si c'est des homos* » (*Le Monde*, 8/07). Le second *c'est* n'est pas accordé (à l'écrit, on rencontrerait plus probablement *ce sont*). À travers ce dernier exemple, on constate que *c'est* devient une sorte de locution invariable.

C'est permet aussi des raccourcis saisissants et évite de longs développements : « *Heureusement, la mer n'est pas loin et c'est gratuit* », se console la Marseillaise Djamila (*Le Monde*, 23/9/08). Bruno, pompiste dans le Nord, constate la baisse du pouvoir d'achat. Les automobilistes font le plein en début de mois, puis : « *Quinze jours plus tard, ils remettent vingt euros et, à la fin du mois, c'est dix* » (*Libération*, 8/9/08).

Ce présentatif se rencontre souvent dans des phrases disloquées : « *Décrocher une médaille, c'est tellement énorme* » ; « *Les émotions, c'est tellement difficile à gérer* », avoue Julien Bontemps, véliplanchiste participant aux JO de Pékin (*Le Parisien*, 21/8/08) ; « *Toute ma vie, c'est dans le travail à la hâte* », dit le dessinateur Willem (*Le Monde*, 3/07). Il n'aura échappé à personne que *La grammaire, c'est pas de la tarte !* rentre dans cette catégorie !

Les constructions emphatiques *c'est… qui, c'est… que* permettent à elles seules de focaliser l'attention sur le sujet ou le complément d'objet: «*C'est un parti qu'on fait, pas une amicale*», assène Christian Piquet (*Le Monde*, 8/9/08), mettant le complément d'objet «*parti*» au premier plan. Ainsi, ce dirigeant de la LCR subvertit-il l'ordre SVC, mais nous avons trouvé plus «subversif» encore avec la double emphase de cette phrase d'une amie de Meriem, qui relativise la délinquance des jeunes: «*Les gros sous, c'est pas eux* [nos enfants] *qui les détournent au gouvernement*» (*Le Monde* 17/4/08). La phrase disloquée met en avant le complément «*gros sous*», et le présentatif «*c'est… qui*» met, lui, l'accent sur le sujet «*les enfants*».

La tournure *il y a (y'a)* est également fort employée: le manager de l'équipe cycliste du Crédit agricole dans le Tour de France s'indigne: «*Il n'y a pas un autre sport qui dénonce le dopage comme nous le faisons dans le vélo*» (*Le Parisien*, 18/7/08); «*Y'a que des petits gros mots, sans plus, même pas comme dans le bus, et y'a pas de l'amour et des bisous partout*», poursuit l'amie de Meriem à propos des *Ch'tis*. Une autre amie de Meriem annonce: «*Il y a un petit souci en vue* […] *il y a la machine à laver qui est tombée en panne.*» Au parc Astérix, une mère met son fils en garde: «*Mange pas ça, Ryan, y'a du blanc d'œuf et des colorants*» (*Libération*, 25/7/08).

Les présentatifs ne sont pas des nouveaux venus en français; on en trouve déjà en grand nombre dans la *Chanson de Roland*: «*D'Affrike* ***i ad*** *un Affrican venut/* ***C'est*** *Malquïant, le filz al rei Malcud*» («D'Afrique il y a un Africain venu/C'est Malquïant, le fils du roi Malcud»). Omniprésents dans la langue parlée, on en rencontre même dans la bouche d'une académicienne: Jacqueline de Romilly affirmait dans une interview à *L'Express* (29/3/07) que «*protéger le français, c'est essentiel*», phrase reprise en titre de l'entretien. Ils ne sont pourtant pas l'apanage exclusif de l'oral : ils fourmillent dans les textes didactiques (thèses, comptes rendus) et les grands auteurs ne répugnent pas à les employer : « *C'était à Mégara, faubourg de Carthage, dans les jardins d'Hamilcar* » (première phrase de *Salammbô*, de Gustave Flaubert) ; « *Ce fut, si je me souviens bien, dix jours après avoir franchi la Crête que nous atteignîmes l'entrée du Perré...* » (début de *La Presqu'île*, de Julien Gracq) ; « *Il y a toujours quelque chose de solennel dans un départ, même quand on se quitte pour peu de temps* » (début du chapitre VIII de *Colomba*, de Prosper Mérimée).

L'inversion recule

L'abandon de l'inversion interrogative est particulièrement répandu à l'oral. Qui écrit « *Viens-tu ?* » – le sujet venant se poster après le verbe – dira probablement dans la vie courante : « *Tu viens ?* » Le questionnement étant contenu tout entier dans l'intonation. Pour rendre la modalité interrogative à l'écrit de *tu viens*, il ne reste que le point d'interrogation, qui vient suppléer la perte d'information syntaxique.

Une amie de Meriem déplore le manque de communication entre les gens : « *À Carrefour, la seule chose qu'elle vous dit, la caissière, c'est : "Vous avez la carte de fidélité ?"* » Lors des législatives 2007, la candidate du PS s'adresse à une électrice, à Roubaix : « *Vous êtes pour Ségolène Royal ?* » (*Libération*, 15/6/07). La juge questionne notre vieil ami Marc Hornec : « *Votre couple ne vit que d'allocations ?* » (*Le Canard enchaîné*, 30/4/08), et Guillaume raconte sa brève de comptoir : « *Et le dalaï lama, il a pas de couilles, peut-être ?* » (qui n'est qu'une question rhétorique, une mise au défi de dire le contraire, où l'on peut remarquer l'emphase syntaxique sur le sujet et l'absence de *ne* – petite révision des épisodes précédents). Même en présence d'un adverbe interrogatif, l'inversion ne se produit pas : la mère du soldat tué en Afghanistan, à propos des habitants de ce pays, se demande : « *Comment ils vivent ?* », et ajoute : « *Et les femmes, qu'est-ce qu'elles font ?* » La locution interrogative *qu'est-ce que*, lourde et complexe, et qui contient d'ailleurs elle-même une inversion, permet de conserver l'ordre sujet-verbe.

Il est plaisant de constater que le français oral, qui se plaît à rompre l'ordre canonique de la phrase dans la modalité assertive, en faisant souvent « remonter » le complément en tête de phrase, tende à le respecter dans la modalité interrogative, en refusant l'inversion du sujet. Il procède dans les deux cas au rebours de la norme. Mais on sait que les normes sont faites pour être transgressées.

No future

Quand il s'agit d'évoquer l'avenir, les locuteurs utilisent volontiers des périphrases avec le verbe *aller* plutôt que le temps futur lui-même. À l'occasion de la venue du pape à Paris en septembre 2008, un catholique déclare : « *S'il célèbre la messe en latin* [...] *nous allons avoir du mal à détourner les critiques sur son côté conservateur !* » (*L'Express*, 28/8/08) ; Cécilia Sarkozy parle immobilier en Corse avec Jean Reno : « *Ça va devenir un hôtel particulier, tu vas voir* » (*Le Canard enchaîné*, 10/9/08). Parfois, il suffit qu'un seul verbe soit au futur pour colorer la phrase, le reste étant au présent : « *Dès que j'aurai 1 000 euros, je rentre* », explique Saali, un Turc de Bulgarie habitant un bidonville porte de Bagnolet (*Le Monde*, 28/6/08). Et parfois, on se passe carrément de périphrase ou de futur : « *Envoie ton truc comme d'hab à* Charlie, *sinon tu l'as dans le cul* », tel est le conseil que donne son avocat au dessinateur Siné, pour éviter son exclusion de *Charlie Hebdo* (*Libération*, 17/8/08).

Il semble qu'il y ait une sorte de désamour pour le temps futur dans l'expression orale [1]. Peut-être pâtit-il, entre autres causes, de sa proximité avec le conditionnel, les premières personnes du singulier de ces deux temps étant homophones. Il n'est d'ailleurs pas rare que des futurs soient confondus par les journalistes avec des conditionnels.

Dans la phrase de Saali, citée plus haut, *aurai* était gratifié d'un *s* final que nous nous sommes permis d'enlever. Nous avons lu aussi cette déclaration de Clémentine Autain à *Libération* le 1er novembre 2007, annonçant son installation à Montreuil, dans le but de s'y faire élire : « *Je serais montreuilloise avant décembre.* » Clémentine avait l'air catégorique et pas du tout conditionnel.

Chronique des morts annoncées

Le lecteur attentif aura remarqué que l'indicatif (le présent et le passé composé essentiellement) est le mode le plus employé

1. Le français n'a heureusement pas repris l'infinitif, l'impératif et le participe futur du latin classique, ce dernier risquant de poser les mêmes problèmes d'accord que le PP ! Notre mot « futur » vient d'ailleurs du participe futur du verbe *esse* (être), *futurus*, « sur le point d'être », « devant être ». Dans la célèbre phrase que prononçaient les gladiateurs en entrant dans l'arène : *Ave Caesar ! Morituri te salutant*, que l'on traduit habituellement par « *Ceux qui vont mourir te saluent* », *morituri* est un participe futur.

dans notre corpus, suivi par l'impératif. Le subjonctif est rare à l'oral [1]. Il y en a tout de même quelques-uns dans nos citations, toujours au présent. Mais certains lui préfèrent l'indicatif, comme Marc Hornec, encore lui, qui s'indigne d'être emprisonné : « *C'est une honte que je suis là !* » (*Le Canard enchaîné*, 30/4/08).

Nous n'avons relevé aucune occurrence du passé simple ni des temps passés du subjonctif. Le passé simple semble s'être évanoui de l'oral et avoir été supplanté par le passé composé, le français préférant les périphrases verbales aux formes simples, pourtant plus faciles d'emploi : avec le passé composé, il faut utiliser un auxiliaire et ne pas se tromper dans le maniement du participe passé !

Le fait que le français parlé n'utilise plus – ou n'ait peut-être même jamais utilisé – certaines formes verbales ne signifie pas qu'elles sont condamnées à s'effacer également de l'écrit. Annoncer la disparition de pans entiers de la conjugaison, comme cela se fait de façon récurrente, c'est vendre la peau de l'ours avant de l'avoir tué. Le linguiste Joseph Vendryes écrivait au début du XXe siècle dans *Le Langage* : « *Il est fâcheux que le français moderne ait réduit à un seul les deux temps passés dont il disposait, le passé défini et le passé indéfini* » (c'est-à-dire le passé simple et le passé composé).

À la même page, il ajoutait, cette fois-ci à propos du subjonctif imparfait : « *Tout regret de sa disparition serait superflu. Malgré les*

1. Cela s'explique par le fait que ce mode apparaît surtout dans les propositions subordonnées. D'ailleurs, les mots *subjonctif* et *subordination* sont issus du même terme latin : *subjunctivus* (« attaché sous »). Or, comme le dit Mireille Huchon, « *à l'oral, la notion de subordination n'est guère opératoire* » (*Histoire de la langue française*). L'oral use surtout de phrases courtes et le discours, quand il a une certaine longueur, se présente plutôt sous la forme de propositions indépendantes juxtaposées.

efforts de l'école pour le préserver de la ruine, il a disparu, victime, lui aussi, de tendances qu'il n'appartenait pas à la volonté humaine d'arrêter.» *La Conjugaison pour tous*, appelé couramment le Bescherelle, présente toujours, en ce début de XXIe siècle, les conjugaisons complètes de ces temps supposés disparus. Et l'on rencontre encore souvent le passé simple ou l'imparfait du subjonctif dans la presse et l'édition.

Un article de *L'Humanité* du 25 juillet 2008 sur le Tour de France ne compte pas moins de quatre «passés définis»: *eurent, fut, pénétrâmes, connut*. Pas mal pour un temps disparu depuis un siècle!

Nous trouvons assez facilement des subjonctifs imparfaits dans la presse, comme dans cette critique du film *Du rififi chez les hommes*, de Jules Dassin: «*La loi de l'époque, hélas, commandait que les criminels fussent punis, quelle qu'ait pu être la beauté de leur effort*» (avec de surcroît un subjonctif passé!) (*Le Nouvel Observateur*, 20/9/08). *Le Nouvel Observateur* semble être un bastion de la résistance (ou un poste avancé de la reconquête, c'est selon) du subjonctif imparfait. L'éditorial hebdomadaire de son directeur, Jean Daniel, en comporte bien souvent un, comme dans celui qu'il écrivit après la mort de Germaine Tillion: «*On a tout dit, du moins ce qu'elle permettait que l'on dît*» (24/4/08).

Mireille Huchon évoque, peut-être un peu vite, la «*disparition*» du subjonctif et du conditionnel dans le français algérien. Il suffit de consulter la presse algérienne pour constater que cette disparition est toute relative. *El Watan* donne la parole à un habitant d'un bidonville, à Hydra: «*M. Belhadj en a gros sur le cœur. Sans logement ni emploi, il en veut à mort aux autorités qui l'ont "abandonné" à son sort. "J'ai fait plusieurs dossiers pour le logement social sans que cela n'aboutisse"* » (23/12/07). Voilà pour le subjonctif… dont la paternité revient peut-être au journaliste, mais qui n'en est pas moins là. Dans le même quotidien, nous trouvons la relation d'un accident d'autocar : « *Selon des témoignages* […] *il y aurait eu une défaillance humaine* » (27/9/08). Voilà pour le conditionnel (ici, au passé). Qu'ajouter ? sinon qu'il ne faut pas enterrer les morts avant d'avoir dûment constaté leur décès.

Claire Blanche-Benveniste constate que, « *dans* [le] *face-à-face entre le parlé et l'écrit, on ne pourrait pas faire état d'une évolution, mais du maintien d'une sorte de dédoublement des comportements de langage, assez caractéristique de la culture française* » (*L'Information grammaticale*, art. cité). Nous ne pouvons que souscrire à cette analyse. L'oral et l'écrit vivent des vies parallèles, tout en puisant au même fonds. Nous pourrions ajouter que le français parlé garde le souvenir de pratiques anciennes qui ont été éliminées de l'écrit ou qui n'y ont même jamais pénétré, jouant ainsi le rôle d'une sorte de conservatoire de la langue.

« Bah ! je vais faire un pâté ! »

« *"Je certifi..." f... i... fi... non ! je crois qu'il faut un* t *à la fin... Ces diables de* t*... Bah ! je vais faire un pâté !* » Il serait aujourd'hui difficile de faire une tache d'encre pour cacher son ignorance, l'écriture à la plume, voire l'écriture manuscrite tout court, étant en net recul (ne pourrait-on envisager de rajouter une case « pâté » sur les logiciels de traitement de texte ?), mais le casse-tête orthographique reste toujours d'actualité. Cette réplique est extraite d'une pièce très populaire de Labiche, intitulée *La Grammaire*, dans laquelle l'orthographe joue un rôle capital. La carrière de Caboussat risque de se briser net à cause de ses lacunes : « *Je suis riche, considéré, adoré... et une chose s'oppose à mes projets... la grammaire française !... Je ne sais pas... Je ne sais pas l'orthographe !* » Heureusement pour lui, sa fille Blanche maîtrise parfaitement cette science qu'on dit parfois être celle des ânes... La pièce fut créée au théâtre du Palais-Royal en 1867, précisément l'année où l'Académie française nommait une commission chargée de préparer une simplification de l'orthographe. Ce n'était pas la première ; ce ne fut pas la dernière !

1901, 1952, 1965, 1990... Autant de jalons d'une réforme sans cesse ajournée. Et, alors que la dictée de Bernard Pivot a remplacé celle de Mérimée, que les joueurs de Scrabble font fructifier leurs connaissances orthographiques sur les cases « triples », les écoliers peinent, semble-t-il, de plus en plus à acquérir cette orthographe française si compliquée. Grâce à des études comparatives menées en 1987 puis en 2005, Danièle Manesse et André Chervel, enseignants et linguistes, ont mis en évidence une dégradation du niveau orthographique des élèves durant ces vingt dernières années. Après ce qu'André Chervel appelle l'« *apogée de la maîtrise orthographique pendant la première moitié du* XX*e siècle, durant la période 1920-1950* » (*Le Monde 2*, 6/12/08), ils ont constaté que la baisse de niveau a été constante au cours de la seconde partie du XXe siècle et s'est même brusquement accélérée, au point que les élèves de 5e de 2005 sont au niveau des CM2 de 1987. Ce qui se traduit par un désastre à l'université, comme l'explique Jean-François Guennoc, enseignant à Paris-IV : « *Le tout-venant, c'est dix à douze fautes, mais j'ai pu en recenser jusqu'à une cinquantaine dans une copie de licence* » (*Le Nouvel Observateur*, 6/9/07). Certaines facs tentent de relever le niveau en organisant des cours d'orthographe et de vocabulaire, comme à Villetaneuse, en région parisienne. Dans les entreprises, des *coachs* viennent au secours des salariés et des cadres – sans oublier les patrons, mais c'est top secret – qui souffrent chaque fois qu'il leur faut diffuser un courriel ou rédiger un document de travail. « *Pour ne pas heurter leur amour-propre en parlant d'orthographe, on évoquera pudiquement des stages de "technique usuelle de communication"* », explique une directrice du personnel (*Le Point*, 28/6/07).

Afin de mieux cerner l'ampleur du problème, nous reproduisons quelques exemples donnés par Jean-Marc R., un professeur de collège : « *"Les élèvent joues", "ils couririent", "on voyait les gouttes montées à son front", "ils ont bien chanter"* » (*Le Monde.fr*, 5/12/08). (Nous signalons d'ailleurs à ceux qui ne jurent que par les correcteurs automatiques d'orthographe que celui de notre traitement de texte n'a repéré qu'une seule faute, *couririent*...) Nous avons nous-mêmes glané quelques extraits parlants : « *Gavroch rempait a plat ventre, galopé a quatres pâttes, prennait sont paniè au dents, ceux tordair, glissait, ondulait, cerpenté d'un mort à l'otre...* » (dictée d'une élève de terminale professionnelle, où le lecteur aura reconnu *Les Misérables* de Hugo, citée par *Libération*, 28/6/08). « *Les conditions de travaille sont désespérable* » ; « *Les toilettes sont salle* » ; « *Les éducateurs devrait être plus sévèr en vers les élèves* » ; « *Heuresement que l'année prochainne je ne serai plus la. Ma sœur si et sa m'inquiette* » (lettres d'élèves de 4e et de 3e à leur inspecteur d'académie citées par *Le Monde*, 19/4/08). Dans l'épreuve de dictée au concours d'entrée de l'institut de journalisme de Bordeaux-Aquitaine, des bac + 3 ont eux aussi débordé d'inventivité pour écrire « [des oiseaux migrateurs] *censément sains* », qui est devenu « *s'en s'aimant sein* », « *sans cémant saints* » ou « *sans ses mancins* » (*Le Nouvel Observateur*, 6/9/07). Les journaux eux-mêmes ne sont pas exempts de fautes du même acabit : « *Le rapport rappel que seuls 116* [miliciens] *sont aujourd'hui poursuivis en justice* » (*Le Monde*, 27/9/08), « *Genèse d'une révolte de la jeunesse grecque désanchantée* » (*id.*, 12/12/08). Comment en est-on arrivé là ?

Érec et sa fame

La seule langue écrite en France fut longtemps le latin. C'est donc tout naturellement que, lorsqu'il s'est agi d'écrire en langue vulgaire, les scribes se sont servis de l'alphabet latin, qu'ils connaissaient bien. On ignore comment se sont opérés les premiers choix orthographiques. Charles Beaulieux, auteur d'une *Histoire de l'orthographe française* (Paris, Champion, 1927), évoque l'existence au XIIe siècle d'« *écoles de jongleurs* », au sein desquelles se serait élaboré un système graphique commun aux différents dialectes de langue d'oïl. Mais nul n'a jamais trouvé trace de ces écoles… et l'unification, toute relative, s'est faite beaucoup plus tard. La tendance jusqu'au XIIIe siècle est plutôt à une graphie proche des sonorités de la langue (la plupart des lettres se prononcent), à cette réserve près qu'il faut faire avec les 24 lettres de l'alphabet latin pour rendre la cinquantaine de phonèmes [1] de l'ancien français. Voici quelques vers de Chrétien de Troyes, dans la version du copiste Guiot : « *Mes or te pri que tu m'anseignes / Par quel non je t'apelerai* » (*Perceval*) ; « *Erec s'an va, sa fame an moinne* [emmène] / *Ne set ou, mes en avanture* » (*Érec et Énide*). Une graphie que ne récuseraient pas les amateurs de textos et qu'éclaire la lecture à haute voix. Les réformateurs, dont fait partie Beaulieux, se réclament de cette

1. « *Les phonèmes sont les plus petits éléments constitutifs de la parole qui permettent des distinctions sémantiques. Par exemple, les mots* gâteau *et* château *diffèrent entre eux par le phonème initial* » (Michel Fayol et Jean-Pierre Jaffré, *Orthographier*). Le français d'aujourd'hui en comporte 36 (37 si l'on compte le « ing » de *camping*, et une quarantaine si l'on ajoute les différents « r »).

tradition phonologique, et idéalisent cette période, au point d'en faire, pour reprendre les mots de Bernard Cerquiglini, *« un vert paradis de l'enfance graphique »* (« Un âge d'or de l'écriture »).

À partir du XIIIe et jusqu'au XVIe siècle, la langue française subit de grands bouleversements : abandon des déclinaisons, fixation de l'ordre des mots, et évolution phonétique rapide – les consonnes finales ne sont plus prononcées et les dernières diphtongues [1] disparaissent – qui creuse l'écart entre le français, le latin et les autres langues romanes. C'est ce qu'on appelle le moyen français. Une période capitale pour l'évolution de l'orthographe, d'autant que le vocabulaire s'enrichit énormément. Les transformations phonétiques ont éloigné bien des mots de leur origine, ce qui permet de retourner aux sources latine et grecque pour nommer des concepts ou des objets nouveaux. Les nombreux doublets du français sont dus à ces emprunts : *blasphemare*, qui après diverses transformations est devenu *blâmer*, est remis à contribution et donne cette fois *blasphémer*.

C'est durant cette période charnière qu'on assiste à la naissance d'une élite de clercs chargés de rédiger les édits royaux et les actes juridiques. Pour faciliter la lecture, ils ont recours à l'ajout de consonnes « muettes », puisées aux mots latins correspondants : on écrit par exemple *fiebure* (fièvre) ou *nepueu* (neveu), le *b* et le *p* copiant les mots latins *nepos* et *febris* et indiquant que le *u* est en fait un *v*, puisque les deux lettres ne sont pas graphiquement différenciées, non plus que le *i* et le *j*. Des ajouts semblables permettent de distinguer les homophones nombreux en français :

1. La diphtongue est l'association en une seule syllabe de deux segments vocaliques distincts.

sainct (*sanctus*), *sain* (*sanus*), *cinq* (*quinque*), *sein* (*senus*), *ceinct* (*cinctus*), *seing* (*signum*), par exemple. L'adjonction de consonnes, non étymologiques celles-ci, répond toujours à la préoccupation de lisibilité : le *h* des mots *huile* ou *huit* indique que le *u* est une voyelle. Le but étant pour les professionnels – écrivains, clercs, puis imprimeurs – d'établir une norme orthographique.

En 1550, il est déjà trop tard

De nouveaux changements interviennent au XVIe siècle : la mise en page, la ponctuation, la typographie favorisent la lecture et l'on assiste à l'émergence d'une « *véritable fureur étymologique* » (*Orthographier*), relayée par les imprimeurs, afin d'améliorer la lisibilité. S'opposant à cette orthographe qu'on nomme « ancienne », certains grammairiens, tel Louis Meigret, préconisent au contraire d'écrire comme on parle : « *L'art de bien ecrire qe nous pouuons appeller Orthographíe jit ęn la conoęssançe dę' caracteres ou lęttres, ę aotres figures, ę de leur puissanç' ę proprieté pour pęrfęttemęnt rapporter l'imaje de la prononcíaçíon* » (*Defęnses de Louís Meigret touchant son Orthographíe françoęze*, 1550). Les poètes y sont plutôt favorables, qui reprennent contact avec l'orthographe oubliée des chansons de geste : Ronsard se prononce pour la disparition du *y* étymologique de *cygne* ou de *lyre* et pour l'utilisation des accents. Mais, en ce milieu du siècle, dans le *Dialogue de l'Ortografe* (1550), de Jacques Peletier du Mans (qui se situe dans le camp des réformateurs), un des personnages estime que les habitudes sont trop ancrées pour envisager une réforme de grande envergure : « *Cela se deuoèt fere il i à vint ou trante ans...* » De plus, les prosateurs restent plus attachés à l'orthographe traditionnelle et récusent cette graphie copiant la parole, au prétexte que la prononciation du français varie considérablement suivant les régions.

Durant le XVIe siècle se sont donc côtoyés partisans de la réforme et partisans d'une orthographe ancienne (c'est-à-dire étymologique). Cela va continuer au XVIIe siècle. Les auteurs sont plutôt du côté des « modernes », tout comme les grammairiens. Corneille, en particulier, se déclare, en 1663, favorable à l'emploi de l'accent grave, au remplacement du *z* par le *s* comme marque de certains pluriels, et il fait adopter par la jeune Académie (créée en 1635) le *j* et le *v*, qui manquaient à notre alphabet, ce qui permettra de faire disparaître de nombreuses consonnes désormais superflues. Malgré l'abandon de surcharges étymologiques, la première édition du Dictionnaire de l'Académie (1694) fut plutôt conservatrice, et souffrit de la disparition de Vaugelas : terminé par Régnier-Desmarais, l'ouvrage comporte de nombreuses incohérences. L'abbé d'Olivet, responsable de la troisième édition, de 1740, va s'efforcer, comme il le dit dans sa préface, d'« *ôter toutes les superfluités qui pourraient être retranchées sans conséquence* » et modifie la graphie de 5 000 mots, réforme qu'il poursuivra dans l'édition de 1762, dans laquelle l'accent grave trouve enfin sa place et où l'*y* de *roy, foy, loy*… disparaît au profit du *i*, tout comme disparaissent certains *th* ou *ph*, ce qui transforme *phlegme* en *flegme* et *déthrôner* en *détrôner*. Cependant, la mauvaise préparation initiale du Dictionnaire laisse trop de séquelles et Voltaire préconise en 1778 une refonte totale de l'ouvrage. Elle ne se fera jamais : l'édition de 1798 supprime bien l'*S* long à l'initiale et à l'intérieur des mots, qui rendait souvent la lecture difficile (*puissance* s'écrivait auparavant à peu près comme ceci : *puiffance*), mais en cette fin de période révolutionnaire, l'heure n'est plus aux grands chambardements. L'édition de 1835 entérinera enfin la graphie *ais* en lieu et place de *ois* préconisée par le philosophe, le *françois* devenant enfin le *français*… et, comme pour contrebalancer cette concession moderniste, rétablira de nombreuses graphies étymologiques. Depuis 1835, bien des mots sont sortis du dictionnaire, d'autres y sont entrés, mais le socle de notre orthographe a peu varié.

La loi du dictionnaire

Grâce à la diffusion de plus en plus large de l'écrit, la norme orthographique s'impose au cours du XIXe siècle; les éditeurs appliquent à tous les ouvrages – même ceux des siècles passés – une orthographe (et une ponctuation) standardisée, bientôt sentie comme immuable. Noël et Chapsal publient en 1823 leur *Nouvelle Grammaire française*, qui connaîtra 80 éditions jusqu'en 1889, et qui devient la bible des traditionalistes. Le Caboussat de Labiche, vantant l'orthographe de sa fille, ne dit-il pas qu'*« elle rédige comme Noël et Chapsal »* ? Cette rigidification de la langue et de ses règles n'a pas que des partisans. L'imprimeur et libraire Ambroise Firmin Didot écrit en 1867 : *« Le Dictionnaire* [de l'Académie] *est là qui s'oppose à tout changement : chaque écrivain, chaque imprimerie, s'est soumis à la loi : elle y est gravée ; les journaux, par leur immense publicité, l'ont propagée partout ; personne n'oserait la braver. »* Et il plaide pour la réforme, afin de faciliter l'apprentissage du français : *« Que d'efforts et de fatigues quelques réformes pourraient encore épargner aux mères et aux professeurs ! que de larmes à l'enfance ! que de découragement aux populations rurales ! tout ce qui peut économiser la peine et le temps perdus à écrire des lettres inutiles, à consulter sa mémoire, souvent en défaut, profiterait à chacun.* [...] *Faciliter l'écriture et la lecture de la langue nationale, c'est contribuer à la répandre et à la maintenir* » (*Observations sur l'orthographe*). Le fort courant réformiste, qui va de pair avec le développement de l'enseignement public en cette seconde moitié du siècle, ne parviendra pourtant pas à se faire entendre. À la libération totale de l'orthographe prônée avec un bel enthousiasme révolutionnaire par Jules Vallès, en 1871 : « *La grammaire étant le plus grand des préjugés, la plus sotte des conventions, la Commune de Paris décrète : Article unique. Liberté de l'orthographe* » (lettre citée par Jean Richepin dans *Les Étapes d'un réfractaire : Jules Vallès*, Champ Vallon), l'académicien Octave Gréard répond, en 1893, avec un projet modéré, que fera échouer une cabale monarchiste conduite par un autre académicien, le duc d'Aumale, militaire et auteur d'ouvrages impérissables tels que *Les Zouaves* et *Les Chasseurs à pied*.

En 1901, la *Circulaire relative à la simplification de la syntaxe* (sic) *française* publiée au *Journal officiel* ne changera toujours rien, mais dépossédera définitivement l'Académie de son droit régalien sur la langue. Et ce n'est plus aujourd'hui le Dictionnaire de l'Académie que consultent pour l'orthographe d'usage écrivains et correcteurs, mais les dictionnaires Larousse, dont la première édition s'étale de 1866 à 1876, et Robert, qui paraît dans les années 1950.

2009, année pléthorique

À l'automne 2008, la sortie du Petit Robert 2009 a relancé le débat – la question de la réforme a été périodiquement évoquée tout au long du XXe siècle – puisque 6 000 mots ont été « modernisés » (10 % des entrées du dictionnaire), en se fondant sur les *Rectifications de l'orthographe française*, parues au *Journal officiel* en 1990, et que l'Académie avait entérinées, tout en souhaitant « *que ces simplifications et unifications soient soumises à l'épreuve du temps* ». Le Petit Robert a manifestement jugé que l'épreuve du temps lui permettait d'intégrer certains changements, qui portent sur la francisation de mots empruntés, bien installés dans notre vocabulaire (accentuation et marque du pluriel) : *pizzéria* ou *braséro*, *matchs* ou *tifosis* ; il fait aussi rentrer dans le rang *chariot* et *imbécillité* en autorisant *charriot* (qui s'aligne sur *charrette*) *et imbécilité* (qui s'aligne sur *imbécile*) ; de nombreux mots composés sont désormais soudés, comme *entretemps*, *popcorn*, *autostop*, *parebrise* ou *weekend*. Marie-Hélène Drivaud, directrice éditoriale de l'ouvrage, souligne à ce propos : « *C'est une évolution naturelle. Qui se souvient que* gendarme *ou* vinaigre *s'écrivaient* gens d'armes *e*t vin aigre ? » (*Le Figaro.fr*, 2/10/08). D'autres mots composés perdent leur *s* ou leur *x* final (*bloc-note*, *sèche-cheveu*, *compte-goutte* ou *lance-flamme*) pour ne prendre ces marques qu'au pluriel ; d'autres perdent leur invariabilité et prennent la marque du pluriel (*des cache-cœurs*, *des grille-pains*). Nous avons souligné dans le chapitre « Un moutonne, des moutonsse » combien nous semblait étrange un *sèche-cheveu* sans *x*, remarque qui s'applique aussi au *compte-goutte* sans *s*. À trop vouloir établir une règle d'accord uniforme, on aboutit parfois à des incongruités.

Alain Rey, directeur de la rédaction du Robert, et l'un des trois premiers rédacteurs de l'ouvrage avec Josette Rey-Debove et Henri Cottez, précise dans la préface de cette édition 2009 : « *Chaque fois qu'une modification a paru excessive ou perturbante, elle n'a pas été retenue, car ce n'est pas au dictionnaire, tenu de refléter le bon usage, de jouer les réformateurs par principe, encore moins les révolutionnaires, ni de suivre les modes sans réflexion.* » Dans cette optique, aucun accent circonflexe n'a cette fois-ci disparu sur les *i* et les *u* (la nouvelle norme serait d'écrire *cout, abime, paraitre, entrainer*...) ; *ambiguïté* ou *aiguë* ont gardé leur tréma à la même place (il aurait dû glisser sur le *u*) et *relais*, son *s* final. La graphie *nénufar* est donnée comme admise, mais elle ne détrône pas *nénuphar* [1].

Les formes traditionnelles ne sont pas éliminées du dictionnaire, mais elles ne figurent plus en première entrée. À côté de *clé* et de *clef*, d'*évènement* et d'*événement*, pour citer deux exemples emblématiques, nous avons donc aujourd'hui pléthore de doubles graphies, dont les plus anciennes devraient s'éteindre doucement. Si la résistance n'est pas trop forte. Car les réactions déclenchées par les innovations du Petit Robert, qui est maintenant en conformité à 61 % avec les *Rectifications* (le *Petit Larousse illustré* n'est, lui, en conformité qu'à 39 %, contrairement au *Larousse Junior*, totalement mis à jour), rappellent les querelles des siècles passés et laissent présager que les formes nouvelles auront du mal à entrer dans les mœurs.

Les commentaires aux articles traitant de cette question sur la Toile permettent de prendre la mesure de l'hostilité à ces changements. DraaK, un internaute, propose d'échanger « *deux dicos Robert contre* [un] *Larousse... pour cause de trahison* », tandis qu'un

1. Sur la question du passage de *ph* à *f*, le grammairien Roland Eluerd nous a confié ses réserves : « *Cela pose un problème : celui de nous couper des graphies de l'anglais et de l'allemand, pour nous ramener dans l'univers exclusif des graphies romanes (espagnol, italien). Beaucoup de linguistes, même partisans de réformes, y sont opposés.* »

autre, qui signe ViveLaFrance, invite à se procurer un «*Larousse d'avant 1960*» (*Le Figaro.fr*, 2/10/08); Hurlot s'exclame: «*Le Robert n'est qu'un Vaugelâche!*» et ridiculise ces nouveautés en adoptant une orthographe phonétique (pas si simple que ça!): «*jeux croa ke la prauchène aitap é pu de diko du tou enfaim!*» (*La République des livres*, 4/10/08); Paul défend poétiquement les accents: «*La profondeur d'un abîme sans accent circonflexe serait inexistante*» (*Le Figaro.fr*, 2/10/08). Le spectre de l'écriture phonétique se profile en effet dès que les mots *réforme* ou *simplification* sont prononcés. Ce courant est pourtant loin d'être très développé, malgré l'existence d'un site militant, *Ortograf.net*, rédigé en «*ortograf altèrnativ*», qui proclame: «*Pluto ke d'atandre vènemen é pasivmen une "reformèt" parsièl de l'ortograf inpozé par une kelkonk otorité, prenon posesion de notre lang.*»

L'ortografe fait couler de l'encre

Fin 2008, les contempteurs de toute réforme ont eu une seconde occasion de s'enflammer. Un entretien avec André Chervel, paru au mois de décembre dans *Le Monde 2* sous un titre volontairement provocateur – « *Réformer l'ortografe pour l'enseigner* » –, en fut la cause. Le linguiste s'y disait favorable à une réforme beaucoup plus ambitieuse que celle de 1990, allant dans le sens du phonétisme, et jugeait nécessaire de l'imposer brutalement à tous. Il prenait par là le contre-pied de ce que préconisent la plupart des linguistes, à savoir des réformes graduelles, insufflées petit à petit, le temps accomplissant son œuvre réformatrice tranquillement. Et résumait ainsi ses propositions en faveur d'une orthographe

« prévisible » : supprimer les doubles consonnes inutiles pour la prononciation (*dificile, inocent, apeler*) ; supprimer quand la prononciation le permet les *y* (*biciclette, analise*), les *h* étymologiques après les *t* ou les *r* (*bibliotèque, cronique*) ainsi que les *ph* (*filosofe, daufin*) ; et « *que tous les noms et adjectifs prennent un* s *au pluriel (même* des animaus*)* », sauf les mots qui sont déjà terminés par *s, x* ou *z.*

Repris dans *Le Monde.fr*, son article, sur lequel les internautes étaient invités à donner leur avis, fut l'un des plus commentés de l'année 2008. Les intervenants rejoignaient ceux qui s'en étaient pris au Petit Robert. Majoritairement hostiles, ils dénonçaient en vrac « *le nivellement par le bas* » (Roger D. et Dominique M.) ou « *l'atteinte à la dignité de la langue française* » (Pela). Avec humour, ils avançaient quelques arguments : « *Quand je vois avec quelle facilité les jeunes assimilent (seuls !) la complexité de leurs Pokemon, leurs jeux vidéo, téléphones portables ainsi que des 8 ou 10 télécommandes sur la table du salon, j'ai peine à croire que la complexité de l'orthographe tel qu'il est aujourd'hui leur soit insurmontable* » (Als) ; « *Nos cerveaux auraient-ils rapetissé comparé à celui de nos aïeux ?... "Le chapeau de la cime est tombé dans l'abîme"... c'est difficile ?* » (Alienor). Ou faisaient mine de se réjouir : « *Si on adopte cette réforme, ces les journalistes du "monde" qui vont être contents !!!* » (Charles J.). Même les plus farouches défenseurs de l'orthographe traditionnelle ne sont pas irréprochables, mettant leur chère *orthographe* au masculin ou confondant *ces* avec *c'est.*

Notre propos n'est pas ici de discuter de la réforme proposée par André Chervel, mais nous ne sommes pas convaincus par la « manière forte » qu'il souhaite employer pour l'imposer : un changement net, « *avec impossibilité de retour en arrière* », comme lors du passage à l'euro. Richard W. résumait assez bien la difficulté de l'entreprise : « *Les gens ne peuvent pas choisir de boycotter la nouvelle monnaie mais ils peuvent choisir de boycotter la nouvelle orthographe. En Allemagne la réforme de l'orthographe est restée très controversée et son vrai résultat, non intentionnel évidemment, a été que désormais chacun écrit un peu comme il le veut.* » En l'absence de consensus, la méthode douce semble plus sage, mais la « tolérance » dont elle s'accompagne – aucune graphie ne peut être tenue pour fautive – ne permet pas d'envisager une évolution rapide. Une petite avancée a eu lieu en 2007, le *Bulletin officiel de l'Éducation nationale* du 12 avril demandant aux enseignants d'appliquer les *Rectifications* de 1990.

Là où nous retrouvons André Chervel, en revanche, c'est sur la nécessité d'« *un enseignement rigoureux de l'orthographe* ». Nous ajoutons même : « de l'orthographe et de la grammaire », car nombre de fautes relèvent de l'orthographe grammaticale : réforme ou pas, il n'en faudra pas moins apprendre à différencier les formes verbales (infinitif, participe passé), le verbe conjugué du nom, les marques du pluriel des noms et des verbes…

Une réforme téorique

Si au XIXe siècle grammaire et orthographe ne faisaient qu'un, pour les internautes du début du XXIe siècle, langue et orthographe se confondent, et au travers du rejet de toute réforme se manifeste surtout l'inquiétude de voir la langue française malmenée. Le fait que la « physionomie » des mots soit perçue comme indissociable du sens des mots eux-mêmes – on peut parler alors de leur caractère *idéographique* – explique ce sentiment, non négligeable, d'atteinte à l'intégrité de la langue : « *Les mots se présentent à notre esprit sous le vêtement que leur donne l'orthographe* », écrivait joliment Joseph Vendryes. Ces réactions traduisent aussi un attachement à ce qu'on a soi-même appris laborieusement et qu'on maîtrise correctement.

Bien que nous soyons, dans nos journaux respectifs, des gardiens (sourcilleux, comme il se doit) de la norme orthographique (et nous savons d'expérience que peu de gens écrivent sans faire de fautes), nous ne sommes pas opposés à sa simplification : les ouvrages édités selon l'orthographe des *Rectifications*, comme la *Nouvelle Histoire de la langue française*, n'ont rien de perturbant pour le lecteur. Nous pensons même que la culture ne s'effondrerait pas si l'on écrivait désormais *ortografe* ou *ipotèse*. Mais force est de constater qu'il y a une grande résistance à tout changement – qu'il soit homéopathique avec la réforme de 1990, relayée par le Petit Robert, ou radical, comme ce que propose André Chervel –, et qu'en l'absence d'une autorité en mesure de la faire accepter, puis de la mettre en œuvre, la réforme de l'orthographe continuera de rester *téorique*.

De quel livre est extraite la citation suivante ?

> *C'est un maître de lavoir qui a la « signature » à l'Intérieur ; Grêlier, un brave garçon que j'ai connu sur les hauteurs de Belleville et qui s'improvisa mon adjoint, dans la nuit du 31 octobre, à la mairie de La Villette.*
>
> *Il signe des ordres pavés de barbarismes, mais pavés aussi d'intentions révolutionnaires, et il a organisé, depuis qu'il est là, une insurrection terrible contre la grammaire.*

Son style, ses redoublements de consonnes, son mépris des participes et de leur concubinage, ses coups de plume dans la queue des pluriels lui ont valu un régiment et une pièce de canon.

Tous les employés qui n'ont pas filé sur Versailles, depuis le chef de bureau en redingote râpée jusqu'au garçon en livrée cossue, ont peur de cet homme qui fusille ainsi l'orthographe, qui colle Noël et Chapsal au mur. Il a peut-être – qui sait ! – le même mépris de la vie humaine !

Réponse à la page 182.

Réponses

Le genre idéal

Êtes-vous sûr(e) de leur genre ?

Anagramme : féminin
Anicroche : féminin
Antre : masculin
Aparté : masculin
Astéroïde : masculin
Azalée : féminin
Baffle : masculin
Échappatoire : féminin
En-tête : masculin
Jade : masculin
Jute : masculin
Libelle : masculin
Oasis : féminin
Omoplate : féminin
Oriflamme : féminin
Pétale : masculin
Stigmate : masculin
Termite : masculin

« Qui va garder les enfants ? »

1. Cet académicien est *Claude Lévi-Strauss*, qui revêtit l'habit vert en 1973. À l'époque, aucune femme n'était encore entrée à

l'Académie depuis sa création en 1635. La première à y siéger sera Marguerite Yourcenar, élue en 1980.

2. Ces féminins ont été utilisés, voire créés par de grands auteurs, mais ils sont restés à l'état de prototypes, n'étant pas entrés dans l'usage, à l'exception de *partisante* que l'on trouve fréquemment sur le Net.

Autrice se rencontre chez Restif de la Bretonne et le *Grand Larousse du* XXe *siècle* le donne comme féminin d'*auteur*, mais le déclare «*inusité*». *Doctrice* a été repéré chez Balzac et Mérimée. *Partisante* figure dans une lettre de Ninon de Lenclos: «*Comme femme, je suis partisante des modes.*» Jean-Jacques Rousseau a employé *peintresse* dans une lettre à Mme Latour: «*Je crois que la peintresse ne vous a pas flattée.*» *Professeuse*, dont le Littré dit qu'«*il ne paraît pas devoir réussir*», a été créé par Voltaire avec un sens péjoratif. Enfin, *successrice* apparaît sous la plume des Goncourt.

Un moutonne, des moutonsse

1. *Arriver à ses fins* est une expression signifiant «atteindre ses objectifs»; *arriver à sa fin*, «se terminer» et même «mourir». C'est le pluriel qui permet de distinguer les deux. Le singulier employé par *Libération* fait naître une ambiguïté. Il aurait fallu écrire: «*Les Sahraouis arriveront à **leurs fins**.*»

2. *En civil* est une expression figée au singulier, qui s'oppose à *en uniforme*. Le pluriel du mot «hommes» a sans doute «contaminé» son complément. Il fallait écrire «*des hommes **en civil***».

Pervers PP

1. « *C'est probablement la plus forte personnalité que j'aie* ***eue*** *à défendre, un homme extrêmement brillant et un véritable poète lorsqu'il parlait de la Corse.* »

Faux: « *que j'ai eu à défendre* ». L'infinitif forme un tout avec la forme verbale (subjonctif passé) et « forte personnalité » est COD de « défendre » et non de « j'aie eu ».

2. « *Je me suis* ***offerte*** *une autre image de moi.* »

Faux: « *je me suis offert* ». S'offrir est un « accidentellement pronominal » et cette jeune fille s'est offert ***quoi ?*** une autre image (COD postposé).

3. « *Elle ne s'est jamais* ***crue*** *belle.* »

Bon : le PP suivi d'un attribut d'objet direct (*belle* attribut du COD *s'* = *elle*) s'accorde si le COD est antéposé.

4. « *Le texte d'orientation présenté par Martine Aubry est une régression intellectuelle comme on n'en a pas* ***vue*** *depuis des années dans le parti.* »

Faux: « *comme on n'en a pas vu* ». Le COD *en* est neutre, et invariable. Certains considèrent qu'on peut tout de même l'accorder.

5. « *Officiellement, l'Église s'est* ***convertie*** *au darwinisme.* »

Bon : le verbe pronominal est réfléchi et le PP s'accorde avec le COD *s'*= *Église.*

6. « [Omar Amis] *désigne ici une usine de briques détruite, là des maisons particulières, leurs propriétaires n'imaginant pas que la route le long de laquelle ils les avaient* ***faites*** *construire allait devenir stratégique pour l'état-major israélien.* »

Faux : « *ils les avaient fait construire* ». Le participe passé « fait » est invariable quand il est suivi d'un infinitif.

7. « *Échaudée par quelques visites provinciales qu'avaient* ***perturbées*** *des braillards,* [...] *la Présidence a* ***donné*** *de strictes consignes au préfet.* »

Bon : « perturbées » s'accorde avec le COD antéposé *qu'* = *les visites provinciales*, alors que « donné » reste invariable, car le COD (*strictes consignes*) est postposé.

Si versale m'était contée

Dans ces trois phrases, les majuscules à Tour, Net et Nord, normalement fautives (*tour* étant un nom commun, *net* un adjectif et *nord* une direction), permettent une double entente, en référence au Tour de France cycliste, à l'utilisation de l'Internet par les partis politiques et à l'importance de la région Nord pour le PS.

« Bah ! je vais faire un pâté ! »

Jules Vallès, *L'Insurgé,* Garnier Flammarion, 1970.

Bibliographie générale

Dictionnaires

Grand Larousse du XX*e siècle,* 1928.
Littré, Jean-Jacques Pauvert, Hachette / Gallimard, 1961.
Dictionnaire de l'ancien français, Algirdas Julien Greimas, Larousse, 1992.
Dictionnaire historique de la langue française, sous la direction d'Alain Rey, Le Robert, 1992.
Dictionnaire historique de l'orthographe française, sous la direction de Nina Catach, Larousse, 1995.
Trésor de la langue française informatisé, Éditions du CNRS, 2005.
Petit Larousse illustré 2008.
Petit Robert 2009.

Histoire de la langue

Arrivé, Michel, *Le Linguiste et l'inconscient,* PUF, coll. « Formes sémiotiques », 2008.
Bally, Charles, *Le Langage et la vie,* Genève, Atar, 1913.
Cerquiglini, Bernard, *La Naissance du français,* PUF, coll. « Que sais-je ? », 1991.
– « Un âge d'or de l'écriture ? », in *Les Formes du sens,* Duculot, coll. « Champs linguistiques », 1997.
Chaurand, Jacques, *Histoire de la langue française,* PUF, coll. « Que sais-je ? », 1987.

– (sous la dir. de), *Nouvelle Histoire de la langue française*, Seuil, 1999.

GOUGENHEIM, Georges, *Les Mots français dans l'histoire et dans la vie*, A. & J. Picard, 1990.

HERMAN, Joseph, *Le Latin vulgaire*, PUF, coll. « Que sais-je ? », 1975.

HUCHON, Mireille, *Histoire de la langue française*, Le Livre de poche, 2002.

MESCHONNIC, Henri (sous la dir. de), *Et le génie des langues ?* Presses universitaires de Vincennes, 2000.

STIENNON, Jacques, *Paléographie du Moyen Âge*, Armand Colin, 1973.

VENDRYES, Joseph, *Le Langage. Introduction linguistique à l'histoire*, Albin Michel, 1968.

Grammaires

CHEVALIER, J.-C., ARRIVÉ, Michel, BLANCHE-BENVENISTE, Claire et PEYTARD, Jean, *Grammaire du français contemporain*, Larousse, 1964.

DAMOURETTE, Jacques et PICHON, Édouard, *Des mots à la pensée. Essai de grammaire de la langue française*, Éd. d'Atrey, 1911-1940.

ELUERD, Roland, *Grammaire descriptive de la langue française*, Armand Colin, 2008.

GOUGENHEIM, Georges, *Grammaire de la langue française du XVIe siècle*, Picard, 1974.

GREVISSE, Maurice, *Le Bon Usage*, Duculot, 1988.

MAINGUENEAU, Dominique, *Syntaxe du français*, Hachette, 1999.

PELET, Éric, « Grammaire *vs* linguistique : les préjugés et la raison », communication à l'université Paris-XII, 8 septembre 2007.

REVOL, Thierry, *Introduction à l'ancien français*, Armand Colin, 2005.

SOUTET, Olivier, *La Syntaxe du français*, PUF, coll. « Que sais-je ? », 2005.

WAGNER, R. L. et PINCHON, J., *Grammaire du français classique et moderne*, Hachette université, 1962.

Revues

L'Information grammaticale.

Médiévales, Grammaires du vulgaire, n° 45, automne 2003.

Typographie

PERROUSSEAUX, Yves, *Manuel de typographie française élémentaire*, Atelier Perousseaux, 2002.

Dictionnaires des difficultés de la langue

GIRODET, Jean, *Pièges et Difficultés de la langue française*, Bordas, 1988.
HANSE, Joseph, *Nouveau Dictionnaire des difficultés du français moderne*, Duculot, 1994.
JOUETTE, André, *Dictionnaire d'orthographe et d'expression écrite*, Le Robert, coll. « Les Usuels », 1993.
THOMAS, Adolphe V., *Dictionnaires des difficultés de la langue française*, Larousse, 1971.

Le participe passé

L'Accord du participe passé en cinq minutes, <http://www.langue-fr.net/d/ppasse/5minutes.htm>.
GREVISSE, Maurice, *Savoir accorder le participe passé*, De Boeck-Duculot, coll. « Entre guillemets », 2004.
WILMET, Marc, *Le Participe passé autrement*, Duculot, coll. « Entre guillemets », 1999.

Féminisation

BRUNOT, Ferdinand, *La Pensée et la Langue*, Paris, 1922.
DURRER, Sylvie (Lausanne), *Les Femmes et le langage selon Charles Bally: « des moments de décevante inadvertance » ?*, Linguistik online, 11/2/02.
ROUSSEAU, Jean, *« Madame la ministre » : la féminisation des noms en dix questions*, CIEP- BELC, 1998.
YAGUELLO, Marina, *Le Sexe des mots*, Belfond, 1989.

Orthographe

« Arrêté du 28 décembre 1976 relatif aux tolérances grammaticales ou orthographiques », *Journal officiel*, 9 février 1977.
CATACH, Nina, *L'Orthographe*, PUF, coll. « Que sais-je ? », 1978.
FAYOL, Michel et JAFFRÉ, Jean-Pierre, *Orthographier*, PUF, 2008.
« Rectifications de l'orthographe », *Journal officiel*, 6 décembre 1990.

Ouvrages anciens

Defęnses de Louís Meigret, touchant son Orthographíe françoęze, Paris, 1550.
PELLETIER DU MANS, Jacques, *Dialogue de l'ortografe*, 1550.
VAUGELAS, *Remarques sur la langue françoise*, Paris, 1647.

Bibliographie des textes littéraires cités

Chrétien de Troyes, *Œuvres complètes*, Gallimard, coll. « Bibliothèque de la Pléiade », 1994.
La Chanson de Roland, Le Livre de poche, coll. « Lettres gothiques », 1990.
La Mort le roi Artu, Droz, 1964.
Le Roman de Renart, Bruxelles, La Renaissance du livre, 1958.
Marguerite de Navarre, *L'Heptaméron*, Garnier Frères, 1967.
Les Œuvres de Clément Marot, de Cahors, Lyon, 1543.
Thomas Corneille, *Théâtre complet*, Gallimard, coll. « Bibliothèque de la Pléiade », 1980.
Marivaux, *Le Paysan parvenu*, Gallimard, coll. « Folio classique », 1981.
Eugène Labiche, *La Grammaire*, in *Théâtre II*, Robert Laffont, coll. « Bouquins », 1991.
Gustave Flaubert, *Salammbô*, GF-Flammarion, 1964.
Prosper Mérimée, *Colomba*, Gallimard, 1964.
Marcel Proust, *À la recherche du temps perdu*, Gallimard, coll. « Bibliothèque de la Pléiade », 1954.
André Gide, *Journal 1889-1939*, Gallimard, coll. « Bibliothèque de la Pléiade », 1948.

Franz Kafka, *Un médecin de campagne et autres récits*, Gallimard, coll. « Folio bilingue », 1996.
Marcel Aymé, *La Tête des autres*, Bernard Grasset, 1952.
Louis-Ferdinand Céline, *Mort à crédit*, Gallimard, 1952.
Elfriede Jelinek, *Les Amantes*, Seuil, 2003.
Jean Meckert, *Les Coups*, Gallimard, 1942.
Julien Gracq, *La Presqu'île*, Gallimard, 1970.
Jan Bucqoy, *La vie est belge*, Michalon, 2007.
Saphia Azzeddine, *Confidences à Allah*, Léo Scheer, 2008.
Mathias Enard, *Zone*, Actes Sud, 2008.

Table

RÉALISATION : PAO ÉDITIONS DU SEUIL
IMPRESSION : CORLET À CONDÉ-SUR-NOIREAU
DÉPÔT LÉGAL : MARS 2009. N° 96060 (09-119167)
IMPRIMÉ EN FRANCE